LES YEUX COMME UN BOUDDHA

Collection dirigée par Christian LUTZ

1981-1991

LES YEUX COMME UN BOUDDHA

Dix coups de cœur pour dix ans d'édition littéraire

Nouvelles

LE CRI
EDITION

DANS LA COLLECTION « A DECOUVRIR »

ERIC DE HAULLEVILLE
Le Voyage aux Iles Galapagos (roman), 1989.

MAXIME BENOÎT-JEANNIN
Eugène Ysaye (biographie), 1989.

JEAN COCTEAU
La Belle et la Bête (scénario et dialogues), 1990.

RAINER MARIA RILKE
Le Livre d'Heures (poésie/éd. bilingue), 1990.

Publié avec le concours de la Communauté française de Belgique.

ISBN 2-87106-033-9

Imprimé en Belgique
D/1991/3257/1

Cendrillon '81

Extrait de *Laura Colombe, contes pour petites filles perverses*, Nadine Monfils, Le Cri.

Ce matin-là, Cendrillon enfila son cache-sexe gagné à la tombola du patronage et, le plumeau en main, elle s'en alla épousseter les objets de collection de son patron.

C'était un méchant patron et la petite Cendrillon était très malheureuse. Elle travaillait dur toute la journée, la pauvresse, et jamais il ne lui offrait en récompense quelque insidieuse caresse.

Pourtant, quand il était là, la fillette s'arrangeait toujours pour grimper sur l'escabeau et nettoyer le dessus des armoires, mais en vain… Il continuait à lire son journal sans lever les yeux. En plus de son défaut de chasteté, il souffrait d'une avarice sordide. Ainsi, il collectionnait les dentiers usagés. A chaque repas, il s'en glissait un dans la mâchoire et suçait les restes de nourriture coincés entre les dents. La petite Cendrillon devait manger dans l'assiette du chien. Parfois, elle lui léchait la queue pour qu'il lui laisse un peu de « corned-beef ». A part cela, elle passait ses après-midi à faire la sieste dans l'armoire à linge, sur le palier. Elle y cachait sa réserve de bonbons et une lampe de poche qui lui permettait de lire les revues érotiques empruntées au fils du laitier. Mais il ne les lui prêtait pas pour rien, le coquin ! En échange, Cendrillon devait lui montrer ses fesses. Ce n'est pas cela qui dérangeait la fillette, au contraire, c'était un plaisir pour elle.

Cendrillon était toujours prête à rendre service !

Un soir, on glissa un télégramme sous la porte d'entrée. Il annonçait le retour de Philomène, la fille du patron. Partie l'année précédente au Mont Trémoitou pour faire des recherches sur la parapsychologie, elle revenait avec larmes et bagages, seule, sans avoir trouvé chaussure à son pied.

Son départ s'était décidé bien vite.

Un jour, à l'école, on lui apprit que, du temps des Romains, si ceux-ci croisaient un oiseau volant de gauche à droite, c'était signe de malheur. Précisément, en sortant du cours, elle aperçut un volatile battant des ailes d'arrière en avant, effectuant ainsi une manœuvre de marche arrière. Philomène l'observa tant et si bien qu'elle trébucha sur une crotte de chien. Le malheur était arrivé !

Ce fut une révélation.

La petite, le nez cassé, revint chez ses parents, convaincue de l'authenticité de ces prédictions. Désireuse d'en savoir un peu plus à ce sujet, et surtout de partir à la recherche de l'un ou l'autre mâle bronzé, elle supplia son père de lui payer un billet d'avion. Celui-ci, estimant que cela « faisait bien » pour les voisins, accepta, mais à une condition, c'est que sa fille se débrouille pour gagner son argent de poche.

— Rien de tel que d'avoir des enfants débrouillards ! avait-il dit à sa femme.

Sur ce plan-là, Philomène s'en tira fort bien. Elle s'en fut traîner ses mocassins du côté de la gare du Nord et y rencontra un mécène. Quand il marchait, on entendait sonner les pièces de monnaie au fond des poches de son costume.

Tous les soirs, il venait chercher la gamine en voiture de sport. Alors, la petite baissait ses essuie-glace et poussait à fond l'allume-cigares. Il ne lui fallait pas beaucoup de temps pour chauffer. Casanova (c'était le nom du mécène) mettait les gaz à fond et ne traînait pas pour changer de vitesse. Puis, il coupait le moteur et il « récupérait » en ronflant un quart d'heure sur le bord de la route.

Après quelques « promenades » en voiture, Philomène

parvint à récolter assez d'argent pour s'assurer un séjour plus qu'agréable au Mont Trémoitou (il faut dire que la polissonne avait profité de quelques honteuses caresses pour glisser la main dans la poche-portefeuille du mécène).

Lors de son départ, tout le quartier était en émoi. Même la voisine qui, d'habitude, ne sortait jamais, se tenait à califourchon sur la rampe de son balcon. L'épicier avait mis son canari à la fenêtre et le boucher, assis sur un os à moelle, agitait son mouchoir rouge. Le père de Philomène ne parvenait plus à fermer son bouton de col, tant il était fier.

Une semaine plus tard, la mère de la petite reçut une lettre:

Chère maman,

Tout va bien, il y a beaucoup de soleil, c'est un pays magnifique ! Il faudra que papa et toi veniez passer vos vacances ici. Les gens sont très gentils. Pour mes travaux de recherche, j'entrevois des perspectives fort intéressantes. Je te quitte car on m'attend.

A bientôt, embrasse papa pour moi.

Philomène

Le mois suivant, une deuxième lettre arriva :

Papa,

J'en ai marre, c'est un pays infâme ; il y a plein de microbes et la nourriture est infecte. Les gens sont bêtes. Je rentre à la maison.

Philomène

Pris de panique, son père lui télégraphia :

Pas question de revenir ! Que vont dire nos voisins ? Reste jusqu'à la fin de l'année. C'est un ordre.

Affectueusement,
Papa

N'osant pas désobéir, Philomène attendit donc que l'année s'écoule et elle revint avec, comme souvenir, la malaria.

Avant de retrouver son quartier natal, la fillette avait pris soin de débarquer une semaine plus tôt dans la ville voisine pour y subir quelques séances de bronzage artificiel, afin d'avoir «bonne mine ». De retour à la maison, la petite avoua son chagrin de ne pas avoir trouvé de mari.

— Ne t'inquiète pas, murmura sa mère ; demain soir, il y a un bal à l'hôtel de ville. J'ai encore ma robe de mariée, je vais l'arranger pour toi. Je te promets que tu seras la plus belle ! Les garçons tomberont à tes pieds.

Cendrillon, qui brossait les escaliers, n'avait pas perdu un mot de cette histoire.

— Pourquoi n'irais-je pas moi aussi à ce bal ? songea la fillette.

Le drame, c'est que la malheureuse ne possédait qu'un vieux tablier à pois et une paire de pantoufles à carreaux, héritées de son grand-père. Mais là n'était pas encore le problème ! Le plus terrible, c'était que les garçons de la ville n'admiraient que les filles en moto.

Soudain, la petite eut une idée :

— Et si j'allais trouver mon parrain ? Lui qui est carrossier pourra peut-être me conseiller…

Aussitôt sa journée de travail terminée, elle rendit une visite à son parrain, directeur des entreprises « Cars à bosses », réparations en tous genres.

— Bonjour, parrain, il me faudrait une « mobylette » pour ce soir.

— Sacrée fifille ! cria-t-il en lui plaquant sa main sur les fesses, tu as de la chance ! J'ai ce qu'il te faut ; un vrai bijou !

Il s'absenta un moment et revint avec un tas de ferraille qui ressemblait vaguement à une « mobylette ». Devant la mine déconfite de sa nièce, il s'empressa de la rassurer :

— Ne t'en fais pas ! Un coup de baguette magique et demain,

tu ne la reconnaîtras plus. Quelques soudures, deux ou trois coups de pinceau et une touche finale à ma manière transformeront ce cadavre en Harley Davidson.

La fillette embrassa son parrain sur le nombril et, sagement, rentra chez son patron afin d'être « en forme » pour le bal du lendemain.

Toute la nuit, elle rêva de son nouvel engin. Dès l'aube, elle téléphona à son parrain pour voir si la « mobylette » était prête.

— Pas encore, je dois d'abord faire ma toilette le matin et tu sais que ça me prend beaucoup de temps pour enlever tous les poux. L'ennui, c'est que j'en oublie toujours et que la nuit, ils s'arrangent pour se reproduire. Voilà vingt ans que ça dure, je m'y habitue... Mais, sois sans inquiétude, tu auras ta « mobylette » ce soir.

La journée parut bien longue à Cendrillon. Autour d'elle, ce n'étaient que préparatifs et projets idylliques.

— Ah, si moi aussi je pouvais rencontrer un mari, pensa Cendrillon, comme je serais heureuse ! Surtout que toutes mes copines sont mariées ! De quoi ai-je l'air ?

Enfin, le soir tant attendu arriva. Cendrillon demanda à son patron la permission de partir une heure plus tôt.

— Tiens, toi aussi tu vas au bal ?

Et il se mit à rire. Sa femme et sa fille riaient à gorge déployée.

Mais Cendrillon s'en moquait.

— S'ils savaient, pensa-t-elle, ils vont tous baver de jalousie devant ma machine infernale.

La fillette secoua son tablier rempli de poussières et enfila ses pantoufles à carreaux, puis elle sortit. Son oncle l'attendait, le ventre en avant.

— Oh, fifille, tu vas avoir un choc terrible ! Assieds-toi, car j'ai peur que tu aies une attaque. Pense que bientôt, tu vas pouvoir chevaucher fièrement cette petite merveille de mécanique ! Que dis-je ?... ce joyau !

Afin d'augmenter l'effet de surprise, il avait emballé la

« mobylette » dans du papier gris, taché de cambouis.

La petite voulut le déchirer au plus vite pour pouvoir contempler son cadeau, mais son parrain freina ses élans :

— Vas-y doucement, n'abîme pas l'emballage, il doit encore servir.

Avec maintes précautions, Cendrillon ôta le papier ; elle ne put s'empêcher de pousser un cri d'admiration :

— Oh ! qu'elle est belle !

Devant elle se dressait un engin rose bonbon, couvert d'autocollants. A la poignée du guidon pendait une queue de renard, pareille à celle que portait Davy Crocket à son chapeau.

— Merci, parrain, vous êtes adorable !

Elle avait déjà enfourché sa machine de rêve quand son parrain lui rappela :

— Fais attention et, surtout, rentre avant minuit, sinon le moteur sera trop froid et la « mobylette » ne démarrera plus !

Cendrillon s'élança dans un nuage de fumée noire. Quelques mètres plus loin, la « machine infernale » toussa et elle s'arrêta. Le parrain de la petite accourut. Il tapa du pied sur le moteur et l'engin repartit à toute vitesse.

Juste au moment où Cendrillon faisait son entrée à l'hôtel de ville, Philomène arriva, pendue au bras de sa mère. Mais elle passa inaperçue. Les garçons n'avaient d'yeux que pour la « mobylette » de Cendrillon. Philomène, furieuse, grognait.

Cendrillon dansa peu à cause de ses pantoufles trop grandes, mais elle but beaucoup. Si bien qu'elle ne garda pas de souvenirs précis de cette soirée.

Minuit sonna au clocher de l'église et la petite cuvait son vin sous la table. Le garçon de café la réveilla comme elle le lui avait demandé.

— Mademoiselle, il est l'heure !

— Oh, merci ! bredouilla-t-elle.

En hâte, elle dévala les escaliers de l'hôtel de ville et perdit une pantoufle.

Elle bondit sur sa fougueuse machine qui démarra au quart

de tour, et rendit définitivement l'âme au carrefour suivant. Cendrillon abandonna l'engin sur le trottoir et passa le reste de la nuit à ses côtés.

Le lendemain, une voix la réveilla :

— Et alors, ma petite fille, on est tombée ? On travaille trop, on est fatiguée, puis on a des accidents.

Une vieille dame se tenait penchée sur Cendrillon. La petite s'étira en bâillant et la dame fit un grand bond en arrière. Cendrillon avait une haleine à réveiller les morts !

— Zut, grincha la fillette, j'ai perdu une pantoufle !

Elle grimpa dans un autobus et rentra chez son patron. L'atmosphère était loin d'être détendue. Visiblement, la chasse n'avait pas été bonne pour Philomène.

Cendrillon salua tout le monde et s'empressa d'aller prendre les poussières du côté de l'armoire à linge…

Cet après-midi-là, un fait nouveau devait transformer la vie de Cendrillon.

On frappa à la porte. La maman de Philomène ouvrit et se trouva devant un monsieur vêtu d'un blouson de simili-cuir noir. Il portait une moustache rousse et mâchait du tabac.

— Salut, ma p'tite dame, hier soir, au bal, j'ai ramassé une pantoufle avec une adresse griffonnée sur la semelle. Comme c'est la vôtre, je suppose que cette pantoufle vous appartient ?

La mère de Philomène se dit :

— Voilà peut-être une occasion pour la petite, profitons-en !

— Non, Monsieur, cette pantoufle n'est pas à moi, elle appartient à ma fille. Mais, entrez, entrez…

— Merci, M'dame. J'me suis dit ; mon vieux Marcel, voilà l'affaire du siècle ! Toi qui es chômeur et encore seul à ton âge, c'est le moment de penser à te fixer. C'est vrai, quoi ! Je m'ennuie à la maison, alors, je passe mes journées au bistrot. Ce n'est pas une vie ! J'vous l'dis ! Il n'y a rien de plus dur que de rentrer tous les soirs avec des maux de tête et d'estomac. Alors, j'me suis dit : faut que ça change ! J'ai donc décidé d'épouser la propriétaire de cette pantoufle. Maintenant, on les voit toutes au bal avec des hauts talons, des jupes fendues… et elles ne savent pas cuire une citrouille ! J'ai pensé que celle qui portait des pantoufles comme ça ne pouvait être qu'une bonne ménagère, simple, sans prétentions et qu'elle ferait très bien l'affaire.

A cette « demande en mariage », la mère de Philomène ne perdit pas une minute et appela sa fille :

— Philomène, dépêche-toi !

Quelques secondes plus tard, elle était là. Sa mère la mit rapidement au courant de la situation. Philomène s'assit et essaya la pantoufle, mais inutile, son pied était trop grand.

— Retire ta chaussette de laine, conseilla sa mère, ça fera une épaisseur en moins.

Même pied nu, elle ne parvenait pas à mettre la pantoufle. A ce moment-là, Cendrillon apparut avec l'autre pantoufle au pied.

— Tiens, mais c'est à moi, ça !

Marcel lui enfila sa pantoufle et depuis lors, ce fut le « pied ».

Cendrillon épousa son Prince chômeur et ils eurent beaucoup d'enfants.

Tous les matins, le plumeau en main, Cendrillon enlève les poussières des potiches reçues en cadeau de mariage d'une vieille tante. Dès qu'elle a terminé, elle aide les enfants à se lever, puis, elle les lave, les habille, les coiffe et les conduit à l'école. Ensuite, elle se dépêche pour préparer le déjeuner et nettoyer. A midi, elle réveille Marcel car on l'attend pour jouer sa partie de cartes au bistrot à côté.

L'après-midi, elle repasse, raccommode et prépare le souper. Elle n'a pas encore eu le temps de se peigner et les enfants sont déjà de retour.

Enfin, vient le soir aux ailes idylliques…

Marcel rentre avec quelques copains et ils s'affalent devant la télévision.

Pendant ce moment-là, Cendrillon épluche ses légumes pour le lendemain.

Dans la vitrine du salon, un seul objet : la pantoufle à

carreaux, souvenir de cette union romantique.

Après dix ans de mariage, Marcel a placé une ampoule dans la pantoufle, pour la rendre lumineuse.

Les contes de fées existent encore…

Nadine Monfils

Ses pieds
ne touchent pas le sol

Extrait de *Les Griffes de l'Ange,* roman, Gaston Compère, Le Cri.

Réveil

On me touche l'épaule. La main m'a-t-elle rien que frôlé ? m'a-t-elle secoué avec force ? Il me faudra bien admettre l'indocilité de mes nerfs : ils ne sont soudain que brusque convulsion ; mes membres, une saccade les crispe violemment ; il ne m'étonnerait pas de voir un jour me sortir du bout des doigts des étincelles électriques. Ma vision disparaît sur-le-champ. Et sans doute est-ce heureux. Il m'aurait été pénible de la voir chiffonnée, à mi-chemin de ce qu'il me faut bien tenir (contre ma volonté et mon savoir) pour le rêve et la conscience.

— Vous dormiez ? chuchote Geneviève.

La bougie. Le verre. La salle obscure. Tout cela m'est rendu, et soudain sans prestige. Je me tiens droit contre le dossier. Le dos me fait souffrir tout à coup. Il me soulage de cette espèce d'absence qui me vient brusquement, ce creux livide où l'on bâille, où l'on se sent les yeux humides. On se devine des paupières rouges et des lèvres blanches : cela est désagréable, cela incommode comme une incongruité. Quelques révélations sublimes que l'on tienne (et encore comment les formuler ?), le corps s'en désintéresse. Le sommeil lui est cher. Plus que l'âme sans doute qui paresse aisément, la nageuse qu'elle est, la flottante, le corps se tient condamné à vivre et à souffrir : les objets lui sont hostiles, et les organes profonds ont à reprendre un rythme que certains aiment pousser jusqu'à l'atroce.

Je me lève. La salle vacille. Je cherche à quoi me tenir ; le dossier de la chaise m'est secourable. Je marche dans une brume sombre et mordorée. Mon pied frappe quelque chose qui craque et s'émiette. Au fur et à mesure que je m'éloigne de la bougie (et que cela me coûte !), le bric-à-brac approfondit ses ombres, exaspère ses formes. Cela sent la poussière, vous dis-je. Comme l'homme. Respirer la poussière des lèvres, des épaules, de tout cela dont il est fait, jusqu'au sexe qui peut la perpétuer.

La porte s'ouvre. La lumière me blesse comme un glaive. Le feu, tantôt, m'a moins brûlé que cette lumière assassine.

— Mon Dieu, fait Geneviève, que vous arrive-t-il ?

— Je ne me sens pas bien.

Je ne me méprends ni sur le regard dont elle me couvre, ni sur ce geste des deux mains qui se tendent vers moi. Mais ce n'est pas le moment d'y songer. Je suis lucide et ivre. La terre devant moi se soulève dans un mouvement irrésistible dont je connais l'inanité. Les paroles s'arrachent difficilement de ma gorge.

— Je voudrais m'asseoir.

Elle m'aide, fébrilement. Je lui vois une figure bouleversée. Eh quoi ? ai-je la mort sur le visage ? Je retrouve la chaise de tantôt, dans la salle d'attente. Le tangage du monde s'apaisant, j'ai beau lui dire de ne pas s'inquiéter, je ne vois pas se rasséréner son visage.

— Reposez-vous, dit-elle. Je vais essayer de retrouver Walthéry.

— Quoi ? Walthéry…

— Il nous a laissés tout à l'heure.

Elle sort, elle est sortie avant que j'aie pu la retenir. Je vois encore un instant sa figure violente, son dos bossu, cette allure que tourmente l'amour.

Puis c'est de moi qu'elle sort.

J'ai beau me dire : « c'est fini », il ne me paraît pas encore avoir quitté les mondes que m'ont fait traverser des forces dont je ne sais rien. Objet-sujet, le vieux couple énigmatique, il allait falloir que je me remette à rôder autour de leur enlacement, que je guette leurs ruptures, que je m'effraie peut-être de leur étreinte.

Lui

Cela s'apaise en moi, les organes révulsés, cette sensation bizarre de ne pas savoir où je suis, ce sentiment parfois violent de déperdition qu'il m'arrive de croire être comme l'écho d'une extase. Je suis patient, à mon habitude, je crois. La fenêtre a tout perdu de cette lumière qui, tantôt, au sortir de la salle, m'a corrodé les yeux. Je la retrouve diffuse, et diffusée, comme lorsque j'attendais déjà Geneviève, mollement diffusée : mais elle a changé de couleur et, si je puis dire, de grain : il est dans son rayonnement comme de la poussière scintillante. Au-dessus de la porte, une horloge à cadran de porcelaine, dont les aiguilles de cuivre ajourées marquent deux heures vingt-huit. Je ne l'avais pas tantôt aperçue. Je l'écoute un moment sans l'entendre. Il s'est tissé autour de l'île un cocon de silence, et la chrysalide semble y être morte. Je ne bouge pas. Je murmure : « Encore… encore… » sans connaître l'objet de mon désir, uniquement sensible, semble-t-il, à la sonorité du mot. Du coin de l'œil, je consulte la grande aiguille, qui ne bouge pas plus que moi. Maintenant que je me sens le corps apaisé — et c'est comme par miracle que cette paix lui est venue —, je ranime en vain ma mémoire : les visions de tantôt me sont bizarrement absentes. Ainsi des rêves au réveil, dont la plante sèche subitement sur pied, meurt dans les doigts que je défripe, se fait poussière que le souffle dissipe. Mais il m'en reste tant de force que je veux les croire seulement occultées par la lumière du jour (toute molle qu'elle est dans son scintillement furtif), par ce silence plus éprouvant que le tumulte, par l'espace même où je sens engloutie cette cellule de moine.

Je ferme les yeux. La porte crie un peu. Je les rouvre. La bouche semble fardée, les cernes soulignés par une poudre bleu-noir. Il n'en est rien : il s'est mordu les lèvres et meurtri les paupières. Je souris. Mon imagination divague.

— Entre, dis-je.

Il avance son petit pied — son pied de nabot, disait-il, de femme stérile, d'impuissant, de débile profond. Puis l'autre. Il fait deux pas, s'arrête.

— Assieds-toi. D'où viens-tu ?

Il ne s'assied pas. Il ne dit rien. Il ne me regarde pas mais fixe, au-dessus de mon épaule droite, le mur, et peut-être un signe qui y est tracé : l'alpha et l'oméga rapprochés qui évoquent le sexe. Je me secoue. Tout de suite à l'esprit de cela même comme une tique accrochée aux joies les plus tendres, aux mouvements de l'âme les plus sereins, aux rêves les plus sublimes. Dominique, pourquoi ne me laisses-tu pas en paix ? pourquoi es-tu revenu ?

Je ne dis rien. Je songe. Il se tait. Nous songeons. Il s'est assis. Il regarde la lumière et elle lui meurtrit le visage, révèle sous la peau les méandres livides de la corruption. Je m'encolère contre moi-même, me morigène. Regarde-le. Regarde-le bien. Laisse dormir les souvenirs. Point de rancune. Pas de rancœur. Plus de larmes ni de cris. La figure a repris son teint de bel ivoire, les yeux et les lèvres se madéfient, les mains se joignent entre les genoux, il va parler. Il ne parle pas. Je me dis : pourvu qu'il ne parle pas. J'ai l'oreille trop sensible. Et dans ce silence, la moindre parole prendrait l'éclat d'une révélation augurale. Il parle pourtant. Je le regarde avidement. Ses lèvres ne s'entrouvrent pas. Il ne parle pas. Mais il parle, je l'entends, et il vient de je ne sais où une musique sourde où déchire le son voilé d'un instrument qui est peut-être un hautbois, mais il parle dans cette musique qui paraît le frisson du silence : « il fait sombre où je suis, je te parle d'un lieu dont je ne puis te rien dire puisque tu ne comprendrais pas, je suis là, sans doute, à ton côté, ton côté droit, et pourtant je suis plus loin de toi que l'amibe qui halète avec une bouche trop rouge et l'étoile enfouie dans son cerne douloureux », je me lève, je tourne autour de la table étroite, je me rassieds, et ma main vers lui s'avancerait si je n'étais certain qu'il se lèverait pour lui échapper, il parle, il dit dans la musique, dans le frisson et la reptation de la musique :

« tais-toi, ne parle pas, nous n'avons rien trouvé qui nous ait aidés à supporter l'âcreté de tout, oh ! saison infectée ! toutes les sources, souviens-toi, toutes étaient impures, nous marchions de l'une à l'autre sur des semelles atrocement décloutées, nous nous léchions les pieds en sang sans avoir pu les rafraîchir, c'était l'époque où l'anthérèle donnait une fleur dont nous ne pouvions expliquer la corruption du limbe, souviens-toi », je m'approche de la fenêtre, la lande est rase et grise, le ciel d'un azur si sourd que le cœur s'en émeut, croit découvrir l'unique couleur qui corresponde au timbre de cette voix qui ne cesse de parler, « si haut sur la montagne, tu te moquais des flèches, mais moi… à quoi pense l'oiseau capturé sinon à la vanité de ses ailes ? si proche l'air libre et… mais quelle aile est jamais venue à bout d'un filet ? Tu le devinais que nous étions trop loin l'un de l'autre, je le savais, et nous espérions dans l'air irrespirable. L'insulte a été notre arme courbe, la tendresse notre malédiction. Nous nous regardions, nos visages nus étaient les miroirs où nous nous regardions, il n'était pas possible de nous voir autre qu'avec ce visage auquel le temps enfin nous condamnerait, il dit : « maintenant l'aube est grisaille, écaille et poudre. Au temps où tu occultais ma peine la plus profonde, où tu me détournais de cette plaie, de cette sanie, de l'or hideux de la vie qui corrompt la vie, en ce temps, je me souviens, même en ce temps je ne pouvais pas m'imaginer la lumière de maintenant. Je ne vois personne, personne ne me voit. Je marche dans l'aridité de la poussière. Il en tombe partout. Cela suffoque. On attend des ombres sévères qui vous jugent, des spectres qui entrent en vous, trouvent vos secrets, vous les révèlent avec des gloussements, et comment s'en écarter ? L'odeur des secrets reste forte et vivante, elle incommode, mais elle est en vous, elle serait jusqu'à vous-même, je le dis bien que je n'en aie nulle envie ; quant aux spectres, ils ont trouvé en vous le toit et le couvert, ils fouinent, ils sont chez eux, il est heureux qu'ils dorment le plus souvent, cela s'explique, le pays où je suis est celui où le sommeil aime répandre ses brumes et ses ombres. » Il me semble que le ciel s'ouvre et révèle son théâtre ; mais il n'y a rien à voir ; le théâtre est ailleurs. J'écoute.

Je crois entendre la mer : une rumeur de houle et de ressac. Je dois rêver. La mer est calme aujourd'hui. Elle enfante paisiblement de paisibles nuages, elle lèche ses sables et ses galets ; on ne se dit même pas qu'elle est capable de tumulte. Il me revient dans l'oreille le bruit de la mer de tantôt. Il est seul à peupler de frissons le vide de la scène que m'ouvre la fenêtre. Il parle toujours ; j'écoute peu. Il est trop tard pour parler. Les paroles sont creuses comme des éprouvettes ; à peine si on y distingue encore des liquides dont diverses sont les couleurs. Qu'achève-t-il de dire ? « … comme un enfant mort. » Je l'entends qui soupire. Je laisse la fenêtre, vais me rasseoir. Il est blême, Dominique est blême, comme un jour sans pain, disait-il, comme un pain sans jour, poursuivait-il : c'était dans un temps qui me paraît presque d'un autre monde. Tu ne peux plus rien, Dominique. Je m'en aperçois seulement, vraiment. Rien. Et cela ne date pas d'aujourd'hui. Il dit : « pourquoi n'as-tu rien écrit ? pourquoi ne m'as-tu pas écrit ? qu'est-ce que je pouvais faire sinon te prier ? Je ne suis qu'un enfant. Pis : un enfant gâté. Entends bien : corrompu. J'ai cru… Que n'ai-je pas cru ? Mais j'étais comme la mer. J'avais beau en secret enfler ma masse, je ne pouvais atteindre la plage où tu te trouvais, dans l'aridité. J'ai dû exagérer : tu t'es reculé sans même t'en rendre compte, et maintenant… Maintenant il est trop tard. Maintenant ? quoi ? Je rêve encore, je me rassure à savoir que je puis encore rêver. De la mer, par exemple, qui vient de si loin pour moi, pour mon oreille basse et mes yeux éteints, qui vient de l'autre boue du monde : laisse-moi sourire, je vis encore, je suis encore capable de jouer avec les mots, même si c'est pour dire la chose la plus triste qui soit. Mais… » Il s'est levé, et s'est brusquement creusé et figé son beau visage amer. Je l'aime comme jamais — et je ne l'aime plus : que l'on m'entende, je l'aime comme celui qu'il appelait dans *Rythmes de l'asthme* « l'hôte de l'horizon ». Dominique, vous êtes parti, mon ami, vous avez marché le long d'un temps épuisant (pour moi, pour vous aussi sans doute, pour moi — pour moi, quelle fatigue !), vous avez trop marché, vous êtes trop loin, visible encore sans doute mais hors de portée de voix, c'est fini, n'est-ce pas ?, tout se termine sans bruit, sans secousse, sinon sans douleur, mais la douleur elle-même n'est plus redoutable, cela peut paraître incroyable, mais j'ai trouvé la base, le roc, comprenez-vous, j'ai trouvé le roc, cela même qui ne s'ébranle pas, c'en est fini de vos déferlements et de vos ressacs, mon pauvre cher ami, de vos houles, de vos courants, de vos atroces beaux voyages sur les plaines mouvantes, j'ai trouvé le roc, oui, non point pour y construire ma maison mais simplement pour m'arrêter, et comme, après les jours de sécheresse, sous la prairie des nénuphars se glisse le courant d'eau fraîche, sous le frissonnement de la douleur la paix s'en est venue sans même que je m'en doute, la paix, — la paix, Dominique : les visions de tantôt m'ont révélé en moi cela même que je n'espérais pas. Sans doute aimerai-je encore, mais je ne t'aimerai plus. Je ne veux plus de cet amour. Je ne te dirai plus : laisse-moi. Tu m'as laissé. Entre nous, le temps est enfin *blanc,* essaie de me comprendre… essaie un peu… je t'en prie… Il a fait deux pas, s'est arrêté ; sa main droite s'est levée. « Ecoute. » On marche derrière la maison. « C'est elle, chuchote-t-il. Excuse-moi. » Il sort. Sans doute ne veut-il pas rencontrer Geneviève. Mon œil ne quitte pas la porte fermée, sa béquille de cuivre vaguement scintillante, puis, la laissant, l'horloge au-dessus du linteau : deux heures vingt-huit. Eh quoi, est-elle arrêtée ? ou… Mais je me secoue. Que la folle du logis ne quitte pas sa chambre ! La porte s'ouvre.

Marche

Geneviève sourit dans le chambranle.

— J'ai eu beau le chercher, dit-elle. Je ne l'ai pas trouvé. Je veux croire que le temps ne vous a pas paru trop long.

Je souris. Le temps n'existait pas dans cette pièce, je le lui dis, cette horloge arrêtée en était en quelque sorte la preuve.

— C'est une vieille horloge, et même, à en croire Walthéry, une très vieille horloge. Elle marchait à Chervisy, mais déjà, je m'en souviens bien, elle tombait souvent en panne.

— Mais non, dis-je en raillant doucement, c'est que le temps s'arrêtait. Et si le temps s'arrête, pourquoi voulez-vous que marchent les horloges ?

— Vous dites des sottises, fait-elle. Il me semble avoir remarqué que vous aimiez dire des sottises. Comment vous sentez-vous ?

— Mieux. J'aimerais marcher. Si nous marchions un peu ?

— A votre aise.

— Y a-t-il des choses à voir sur cette île ?

— Il y a la mer.

— Il y a toujours la mer. Mais cela dit…

Il y avait le prieuré — de nobles ruines. Peut-être rencontrerait-on Walthéry : il aime se promener de ce côté de l'île. « Je l'y ai déjà accompagné deux fois. » Elle parle d'une voix basse et tendue. Je me détourne, je la crains, — je crains qu'elle ne se contienne pas et que, passant outre sa nature, elle ne se révèle odieuse par timidité : qu'a-t-elle cru deviner dans mon invitation à marcher ? Je ne me méfie jamais assez de moi ni assez des autres. Je vais sans trop penser. Et à quoi penser au juste au sortir de mon malaise sinon à m'en remettre ? De l'air, de la lumière, l'espace, la mer… Grand Dieu, pensé-je, sur quel feu ai-je soufflé sans m'en apercevoir ? Je suis prêt à me rasseoir, à me calfeutrer dans cette lumière pauvre : rien que la fenêtre, toute mais rien qu'elle, avec cette douceur, ce rayonnement qui est comme s'il n'était pas, cet azur derrière les vitres épaisses, pâli, presque blanc, d'un blanc d'anémie. Mais elle dit : « Venez donc » et je la suis, et je ne peux rien faire d'autre que de la suivre — et il me vient à la suivre une joie obscure si bizarre que je ne me l'explique pas. Nous vivons dans l'ignorance de tout, les yeux ouverts dans une demi-nuit que nous tenons pour le jour. Rien ni personne ne nous présente un visage vraiment clair, des mains où ne se pourrait cacher aucune arme. On croit avancer dans un temps tout à fait déplié : il n'en est rien. Chaque pliure en cache une autre, ou un froissement, ou un bouillon, ou une torsade ratée. Pour peu que nous devinions vaguement notre état, il n'est si maigre souvenir qui ne puisse soudain renaître sans raison ; il n'est peut-être rien qui nous intéresse dont nous ne pressentions la proximité. Eh quoi ? vraiment ? cela d'atroce derrière un pan limpide d'absence ? cela ? cela, oh dieu… Ne me dites rien. Laissez-moi souffler, noir, râpeux, encore maintenant. Et cependant c'était déjà le soupir de la délivrance, l'âcre joie muette et désespérée de la libération, la fenêtre crevée, l'espace ouvert... Mais que je raconte. Car il me faut raconter, dans la conscience de raconter, aiguë. Le repos. Je n'aurai de repos que la dernière ligne écrite. Car aujourd'hui, après tant d'errances intérieures, et d'une erre si agitée, tant d'errements têtus et sans cesse inutiles, tant d'erreurs aussi, aujourd'hui je sais la paix supérieure à la joie — a fortiori à cette joie atroce et incertaine qui m'était à l'improviste venue.

Nous descendons vers la mer. Geneviève marche devant, parfois s'arrête, m'attend, me regarde d'un regard que je ne regarde pas, que je ne veux pas regarder, mais que je vois. Je ne crains rien que de la peiner. Sans doute on revient souvent boire aux anciennes fontaines, mais cependant je sais, je sais que je n'aimerai plus jamais. « Jamais », dis-je. Elle s'arrête, se retourne. « Pardon ? » Je lui montre la mer, opalescente, et son mince ourlet d'écume.

— Il y a toujours la mer, dis-je.

Elle sourit. « Toujours », dit-elle. Plus gracieuse que son frère, sans cela de massif en lui qui le faisait paraître entêté, avec entre les sourcils ce pli de crispation et dessous ces trous d'ombre où l'œil brûlait d'un feu bleu qui paraissait de défi. Plus gracieuse… En fait toute grâce, et sur le visage encore comme un limpide vernis d'enfance, une pellicule irisée qui irradie à peine : sur le visage brûlant. Mais je n'aimerai plus jamais. Elle est bonne, tendre, secrète — et je sais son secret, qui est moi. Mais, même si je le pouvais, je ne l'aimerai jamais. Mais j'ai fini d'aimer. Mais je n'aimerai jamais plus. J'accepte ma solitude. Je l'accepte sans regret. Je sais la vanité de cela en nous qui nous pousse vers qui n'est pas nous — cette chair condamnée, cette âme incertaine. J'ignore si mes songes de tantôt m'ont ouvert une porte ou me l'ont fermée. Sans doute me faut-il au moins rêver au sens d'initiation, car je ne doute pas d'en avoir vécu une, dont une longue mémoire entretiendra le prestige. Mais pour l'instant, alors qu'arrêté, je vois à ma droite dévaler vers la mer une pente de sable parsemée de rocs et envahie par des touffes d'élymes, je suis moins sensible au foisonnement des images, dont à vrai dire je ne me souviens guère (elles me reviendront) qu'à une bizarre sensation (si je puis dire) de lumière toute spirituelle (je ne puis dissocier mon œil de cela dont mon âme s'est trouvée éclairée) et d'incompréhensible paix (mes nerfs, singulièrement, ont cessé de porter aux extrémités de mes membres leurs ondes d'impatience et d'angoisse). J'entends que l'on m'appelle. D'où me vient cette voix ? J'ai jusqu'à l'impression qu'elle me tombe du zénith. Geneviève… Je sors avec peine de mon engourdissement, de ce bonheur sourd. Je murmure : « je viens », un *je viens* qu'elle ne peut pas entendre.

Silence

Je marche. Le sentier descend rapidement, entre les arbustes épineux vers le prieuré.

Vers ce qu'il en reste : quelques murs, une rosace tréflée, miraculeusement intacte sur deux piliers trapus ; des tas de pierres écroulées envahis de maigres graminées.

— Il ne reste pas grand-chose, constate Geneviève. Voyez, ici des traces de pavage, et celle d'un puits. Il paraît qu'on peut trouver des caves voûtées en assez bon état.

Je le sais et ne me soucie pas d'où me vient cette science obscure. Je sais vers où me diriger, quelle forme prend parmi les décombres l'échappée où s'amorce un escalier à vis. Je vois déjà la cave ruinée, le soupirail délabré, la tache bleuâtre de la lumière, et dans l'angle… quel angle au juste ? … à ma droite, tout de suite à ma droite, l'angle… Je soupire ; de la sueur me poisse les mains. Non, me dis-je, non, pas cela… Mais je marche dans l'atmosphère de pierre, dans l'horrible certitude. Eh quoi, me dis-je, est-ce pour cela aussi que je suis venu à Fraignes ? Pour cela. Aussi. Incontestablement : pour la douleur. Mais la douleur est résignée, comme paisible — déjà. Je soupire : ah, si je pouvais m'être trompé, si... Mais, trébuchant dans les pierres, je sais que je ne me trompe pas. Je ne me tromperai jamais plus à propos de Dominique.

— Où allez-vous ?

Ne crie pas, Geneviève. Ne crie pas, ma pauvre enfant. Tu vas souffrir, comme moi. Et sans doute plus que moi, qu'une science mystérieuse, non encore déchiffrée, dispose à la paix. Regarde la mer. Elle est calme, égale à elle-même. Elle est comme affaissée ; elle ne l'est pas ; elle le paraît pourtant. Sans doute... sans doute, Geneviève, je suis fatigué. Ne m'écoute pas. Assieds-toi. Regarde la mer. Regarde-la bien. Emplis-toi d'elle. La paix nous vient des mères, des *grandes Mères*. Attends-moi.

Je marche sans hésitation vers ce que je devine horrible. Pour peu il me semblerait que les pierres s'écartent devant moi. L'échappée sombre, tout de suite découverte. L'escalier à vis : il enfonce dans le noir des marches descellées. Je le descends, lentement, et d'un pas qui se fait hésitant. Une feuille luit funèbrement sur une marche. Je la ramasse. Dominique l'a couverte de son écriture convulsive.

Soudain la peur. La peur que ce que je sais corresponde à une réalité affreuse. « Non, dis-je, non. » Je secoue la tête, en chasse les ombres. Elles reviennent. Elles s'accrochent. Elles sont ces chauves-souris tout de suite suspendues en troupes immobiles, prêtes à encombrer mon espace de leurs vols funèbres et saccadés. Mais j'aurais beau prier — et prier qui ? —, je sais que ce que je sais est inexorable. Un peu de lumière sur un sol corrodé. Trois marches encore, et le soupirail me met dans les yeux sa tache grisâtre. A mes pieds, une liasse de feuilles répandues. Je n'aurais qu'à les consulter dix secondes pour y retrouver celle sur laquelle est tracé : *Ecris moi*. Je frissonne. Deux marches encore. Le sol d'une humidité visqueuse. Deux pas encore. Cela est atroce. Espoir et désespoir, mêlés, épouvantés — et l'espoir sans espoir. Ma tête... ma gorge... toute la machine douloureuse aiguë —. L'angle est passé. J'ose regarder à ma droite. Je vois.

Il est là. Dominique est là. Ses pieds ne touchent pas le sol.

L'entreprise a dû lui coûter une peine amère et de ces ricanements dont je ne connais que trop le timbre. Il a dû amener des pierres et les entasser pour atteindre cette pierre en saillie où la corde a été fixée ; encore n'était-il pas sûr que cette corde ne glissât pas sous le poids du corps. Ces pierres ont été éloignées ; il n'en reste qu'une, parallélépipède sinistre, sur laquelle il a dû se tenir, la corde au cou, et qu'il a renversée.

Dégoût. La mort finit, immanquablement, par révulser. Dominique… Son ton acerbe, son regard strident. « Respire-moi. Je pue le cadavre. » Il riait. Vieux souvenir encore âcre. Dominique… Je ne puis que répéter son nom, à mi-voix. Il a fini par empester. Je sais que je n'ai qu'à lui toucher la main pour la savoir corrompue. Et je songe, dans une suffocation, que, comme cette main, mon amour n'a pas cessé de l'être.

Je fuis cette cave horrible. Je m'assieds sur une marche. Geneviève ne peut pas me voir. Je respire violemment. La mort me sort des poumons. La paix me revient tout de suite. Une miséricorde m'habite, qui est celle du ciel paisible entre les pierres, de cette mer dont j'entends à peine le flux tranquille. Je me tairai. Qui jamais trouvera Dominique dans cette cave ? Dominique est parti ; il court le monde ; il porte par le monde ses tourments et sa grâce violente. Il tient qu'on garde de lui une image de jeunesse amère. Je me tairai.

Et déjà je me vois sortir à l'air libre. Je respirerai le vent qui vient de ces pays que traverse Dominique. Je retrouverai Geneviève et elle sourira. La mer sera devant nous comme un don et comme une promesse. « Non, dirai-je, je ne tiens pas à connaître Walthéry. Rentrons. » Nous nous quitterons sur l'embarcadère de Saulgues. J'embrasserai Geneviève comme un frère. Nous aurons envie de pleurer. Je me répéterai en moi-même avec un désespoir calme : « Je n'aimerai jamais plus ». Je serai sombrement heureux. Elle s'en ira, me fera un signe de l'autre berge. Je lui répondrai. Elle disparaîtra derrière la colline. Je serai là, un peu stupide, seul, à regarder l'eau, l'image noire et tremblée des arbres dans l'eau. Et derrière moi les peupliers feront entendre une voix qui, selon mon désir, me parlera d'ailleurs.

Gaston Compère

Le wagon-citerne

Extrait de *L'Homme troué,* nouvelles, Georges Thinès, Le Cri.

Bachmann observait le vieux depuis plus d'une demi-heure. Ce n'était pas la première fois que l'homme venait rôder à proximité du chantier. De la cabane de fortune qui lui servait de bureau, il dominait sans peine les alentours. La fenêtre était basse et longue en sorte qu'il lui suffisait d'un bref regard pour apprécier les moindres changements qui survenaient dans le paysage. L'apparition du vieux ne l'aurait pas autrement alerté si ce dernier n'avait reculé derrière la palissade chaque fois qu'il levait la tête. Ce manège l'agaçait et l'empêchait d'étudier avec l'attention voulue le plan étalé sur la table. C'était un tirage en bleu cisaillé de diagrammes en traits blancs très minces qui fatiguaient l'œil. Inconvénient supplémentaire, chaque fois que son regard quittait le bleu pour scruter l'espace extérieur, un grand rectangle jaune dansait dans la distance sur le mur de l'usine. Bachmann se frottait les yeux, plissait les paupières et tournait la tête vers le bois de sapins ou vers la route en contrebas, mais l'image revenait, tenace, en rose ou en violet selon l'écran sur lequel elle se projetait. Saloperie, murmurait-il, en essayant de se concentrer à nouveau sur les détails du plan.

Il oublia le vieux pendant un temps prolongé, perdu dans le réseau des conducteurs et des connexions. Le plan de la centrale n'était pas clair, le dessinateur avait serré les traits au maximum pour représenter en cartouche les isolateurs et leur système de fixation. Les lignes de retour avaient des allures de treillis saccagé aux endroits où le révélateur avait agi trop faiblement.

— Sale travail, grogna Bachmann, faudra que j'en parle à Gaillemard.

Il jeta un coup d'œil à la palissade. Le vieux avait disparu. Bachmann n'était pas rassuré, il supposait que l'autre était allé se cacher ailleurs pour l'observer plus à l'aise. Qu'est-ce qu'il me veut celui-là, murmura-t-il en se dirigeant vers la fenêtre. Le vieil homme cherchait à se dissimuler dans une intention précise et Bachmann se rendait bien compte que c'était lui, assis derrière la vitre de la cabane et personne d'autre, qui l'empêchait d'agir à sa guise.

L'ingénieur dirigeait une équipe de dix hommes, deux techniciens et huit ouvriers qui suivaient la bétonnière sur le tronçon de vingt-sept kilomètres que couvrait la nouvelle ligne à haute tension. Les hommes partaient à sept heures et demie dans le gros camion Berliet, tassés parmi les longerons et les rouleaux de câbles. Ils passaient la journée loin du poste, avec lequel ils communiquaient par radio, avançant lentement à travers les prairies et les bois. Au début, Bachmann les voyait à l'œuvre à quatre cents mètres de la cabane sur le flanc de la sablonnière où se dressait maintenant la centrale. C'était trois mois plus tôt, à la fin du mois de mars.

L'été était venu éloignant l'équipe.

Depuis deux semaines, elle progressait péniblement à travers la forêt de Villandreaux, ralentie par les travaux d'abattage, cherchant les affleurements rocheux favorables à la coulée des socles. Par vent d'est, Bachmann percevait dans le lointain la plainte racleuse de la bétonnière par-delà les sifflements de l'autoroute. A onze heures il abandonnait ses calculs et, chaussant ses bottes, partait vers la forêt, son casque jaune à la ceinture. Il cassait la croûte avec ses hommes, vérifiait l'alignement des pylônes et revenait vers deux heures après avoir donné ses ordres pour l'après-midi.

Il s'était habitué à la solitude. La cabane était chaude et confortable. Bachmann savourait la paix du travail immobile modulé par la susurration ténue des insectes. De temps à autre, il lançait son crayon sur la table, se dérouillait les jambes en arpentant le plancher sonore. Il allait réchauffer du café sur la flamme d'une lampe à souder et revenait s'asseoir le gobelet fumant à la main.

— Eh bien, monologuait-il en s'étirant, les mains jointes sur l'occiput.

Il reprenait ses abaques et ses esquisses, aspirait le café par petites gorgées chuintantes et allumait une cigarette. Il écrivait des formules et traçait des courbes en sifflotant. Les volutes de fumée bleue s'étiraient en plan irréel sur le réseau solaire. C'était au cours d'une de ces poses qu'il avait remarqué le vieux pour la première fois.

La palissade prolongeait le mur de l'usine abandonnée sur une vingtaine de mètres, vieille échine épointée et grisâtre. L'homme avait l'air d'un promeneur indifférent. Il s'était avancé sur l'aire encombrée de ferrailles et de caisses malgré l'écriteau qui interdisait l'accès du chantier, croyant sans doute qu'il n'y avait personne. Il s'était assis sur la manivelle d'un treuil et s'était mis à fouiller ses poches méthodiquement. Il avait fini par en extraire une petite boîte métallique, l'avait ouverte avec peine et en avait retiré une pastille qu'il s'était brusquement enfoncée dans la bouche du plat de la main. Puis il s'était redressé et s'était dirigé en mâchonnant vers le wagon-citerne rangé à quelques mètres du butoir sur la voie de garage.

Il avait inspecté l'engin avec minutie, palpant les vannes et les mains courantes du marchepied sous la cabine arrière. C'est en relevant la tête au moment où il s'apprêtait à se hisser sur la plateforme que l'image de Bachmann lui était apparue dans l'encadrement de la fenêtre. L'ingénieur avait eu le temps de percevoir la bouche ronde, les sourcils relevés sur le visage terrifié. Le vieux avait retraversé le tertre en clopinant à la limite de l'effort et avait lancé un cri rauque avant de disparaître derrière la palissade.

C'était au début du mois de mai, quelques jours après les travaux de la centrale. Bachmann s'en souvenait avec précision, il aurait pu mettre une date et une heure sur l'événement parce que celui-ci avait coïncidé avec le raccordement définitif des transformateurs de 15 000 volts. Absorbé par la pose des premières lignes, il avait oublié le vieux jusqu'au jour où, rentrant de son inspection d'onze heures, il avait eu l'impression d'une anomalie dans le paysage. Quelque chose avait changé. Quoi exactement, il était incapable de le dire. Il avait fait le tour des installations, rageant sourdement, envoyant violemment promener du bout du pied les boulons rouillés et les fragments d'isolateurs épars sur le tertre avec des sacré nom de Dieu tamisés.

Les détails fautifs fulgurèrent à quelques pas de la voie de garage : le rectangle plus clair sur le ballast, les taches d'huile fraîches, globuleuses sur les traverses et dégouttant des brins d'herbe en bave noire, les quatre points de métal éclatant sur la rouille poudreuse des rails. Le wagon-citerne avait été déplacé jusqu'à proximité du butoir, vingt centimètres à peine le séparaient des tampons. Bachmann sauta dans la cabine et constata que les freins avaient été desserrés.

— Le vieux, souffla-t-il. La prochaine fois qu'il se pointera, je lui dirai ma façon de penser.

Il manœuvra le volant et alla s'assurer que les mâchoires collaient bien aux roues. Il voulut regagner la cabane mais à mi-chemin l'envie le prit d'aller faire un tour du côté de la palissade. Il eut la surprise de découvrir sous un buisson un petit sac à dos contenant une clé anglaise et une burette de gros calibre. Il appuya sur le piston. Un jet visqueux alla se plaquer sur les planches et dégoulina lentement, canalisé par les irrégularités du bois.

Bachmann gardait l'objet en main, perplexe.

Il rentra dans la cabane et forma le signal de Gaillemard sur l'émetteur.

L'appareil grésilla :

— Gaillemard. J'écoute.

— Bachmann. Dites-moi, remontez-vous ici tout à l'heure ou retournez-vous directement à Faulquemont ?

— Je rentre à Faulquemont, mais si vous devez me voir…

— Non, ne vous dérangez pas, je peux régler ça avec vous demain matin.

— C'est important ?

— Oui et non. Un truc qui m'inquiète un peu dont j'aimerais vous parler.

La voix de Gaillemard revint après un silence :

— Ecoutez, Monsieur Bachmann, je vais aller contrôler les boulons de base du pylône quinze et quand j'aurai terminé je demanderai à Vercasson de me remplacer. Entendu ?

— Entendu. Dites, Gaillemard, prenez votre temps, ce n'est pas à dix minutes près.

— Disons que je serai là dans une bonne demi-heure.

— Parfait. Au revoir, merci.

Debout face à la fenêtre, Bachmann regardait le wagon-citerne. Sur le flanc du réservoir, en capitales blanches, KUHLMANN émergeait de textes illisibles en raison de la distance. Il repéra pourtant sur la gauche THIONVILLE… INTERDIT… NE PAS… Des bordereaux effilochés battaient dans le vent au niveau du tablier. C'était un wagon-foudre de type fourgon, flanqué à l'arrière d'une cabine à lunette haute d'où la vigie dominait toute la rame et pouvait communiquer par signes avec la locomotive. Modèle déclassé dès avant quarante depuis que l'on avait pourvu les convois industriels de dispositifs automatiques de sécurité. Reste, songeait Bachmann, que seul un homme peut détecter une fuite accidentelle pendant le transport et si c'est du benzène ou de l'acide sulfurique…

Il revit les taches irisées sur les traverses. Depuis quand le wagon-citerne était-il à l'abandon sur la voie de garage ? Bachmann avait remarqué la présence du véhicule dès l'installation du poste, mais depuis les tentatives d'approche du vieux, l'objet était devenu intrigant, voire préoccupant. Il en venait à se demander si ce réservoir monté sur roues était vraiment un véhicule et il était tenté de répondre négativement en songeant que, contrairement à un wagon ordinaire, le wagon-citerne pouvait se vider de son contenu sans laisser sur la voie aucune trace visible. Seule la cabine de vigie faisait subsister un doute. Et si l'homme de queue n'était qu'un fantôme mystérieusement semblable aux matières volatiles menacées d'évaporation à la moindre faille de la paroi, gardien irréel d'une substance irréelle ? Le gros cylindre sombre le fascinait étrangement, endormant en lui l'ingénieur (qui aurait dû limiter son enquête à la capacité, à l'épaisseur du métal, à l'étanchéité des canalisations et des vannes, à la nature des liquides transportables, etc.) au profit d'un onirique second qui jusqu'alors n'avait jamais pris le relais des supputations mathématiques.

Le foudre en devenait légèrement effrayant car, sur ce plan même, Bachmann sentait qu'il s'égarait dans des rêveries d'autant plus dangereuses qu'elles semblaient plus rigoureuses. Ceci en particulier : que ce wagon apparemment banal conservait en dépit de son inutilité et de sa relégation (définitive selon toute vraisemblance), sa forme canonique de volume euclidien. Et Bachmann se souvenait à l'instant même de l'émotion à peine avouable qu'il avait éprouvée, enfant, le jour où il avait vu pour la première fois un gazomètre sphérique. Ce choc formel ancien, il le percevait confusément, n'avait pas joué un rôle négligeable dans sa décision ultérieure, assez imprévisible, de devenir ingénieur. Le cylindre attaqué par les oxydes mais inaltéré dans sa structure impressionnait-il aujourd'hui l'homme de quarante ans comme le gros ballon de football (c'était ainsi qu'il appelait autrefois le gazomètre) avait impressionné l'enfant de neuf ans ? Etaient-ce les mêmes jouissances intimes que traquait le visiteur insolite lorsqu'il tentait de s'approcher du foudre ?

Bachmann vit poindre Gaillemard au bas du tertre, la tête drue d'abord puis le corps alternant lourdement de droite et de gauche jusqu'au sommet du raidillon. Bachmann sortit de la cabane et marcha à sa rencontre.

Il lui expliqua le manège du vieux, lui dit ses inquiétudes au sujet du wagon-citerne.

— Encore bien que l'engin ait roulé vers le butoir. Dans le cas contraire, il dévalait à cent à l'heure en direction de Villandreaux et alors…

— Il aurait déraillé sans erreur au tournant de la sablonnière et serait allé se fracasser au fond du ravin.

— Supposez que des ouvriers se soient trouvés, à ce moment, sur le front d'exploitation ?

— Bien sûr. Enfin, le wagon est venu par ici. C'est réglé. Du reste, la déclivité ne s'amorce qu'à une trentaine de mètres du point où il était stationné. Sans loco...

Gaillemard se tut pendant quelques instants.

Puis, abruptement, avec un cillement presque agressif :

— Dites-moi, Monsieur Bachmann, en quoi ça vous tracasse ce machin ?

— Je ne sais pas, fit l'autre faiblement, je ne sais pas. Ce vieux me paraît suspect, c'est tout.

— Ça fait combien de fois qu'il est venu ?

— Trois ou quatre fois, mais il est sans doute venu plus souvent. Quand le chantier est désert. Je mettrais ma main au feu qu'il rappliquera après cinq heures.

— Possible, mais vous n'allez quand même pas passer la nuit ici pour vous en assurer, hein ?

— Et s'ils étaient plusieurs ?

— Ca fait que vous imaginez sérieusement qu'une bande organisée n'a rien de plus intéressant à chiper que cette vieille ferraille ?

— Justement, la ferraille. Il y en a pour quelques sacs dans ce bidon.

— Où voulez-vous qu'ils aillent le démonter ? Pas ici ni à Villandreaux. Et puis, ils n'auraient pas le temps. Faut une semaine pour réduire un engin pareil en pièces détachées. Non, croyez-moi, Monsieur Bachmann, vous vous faites de la bile pour rien.

Le scepticisme du technicien n'irritait nullement Bachmann. Il se sentait démuni, sans plus. Il pensait au cylindre, aux solides euclidiens, au gazomètre sphérique. L'idée qu'il aurait pu faire état de ces rêveries devant Gaillemard le remplissait de honte.

Il fit une ultime tentative :

— Et si jamais ils s'avisaient d'aller rendre visite aux

transfos ? Il y a pas mal de matériel coûteux qui traîne dans la cabine et la porte métallique n'a pas encore été placée.

— Oui, mais l'écriteau qui dit « Danger de mort 15000 volts », lui, a été placé et je ne connais personne qui prendrait à la blague un pareil avertissement. Je sais, les transfos ne sont pas sous tension mais ça, l'écriteau ne le dit pas.

— Vous croyez qu'il n'y a pas de risque ?

— Sérieusement, Monsieur Bachmann…

Gaillemard sentait bien que son chef n'était pas convaincu. Il ajouta, véhément :

— Ecoutez, ce n'est pas compliqué : la prochaine fois que votre vioque se pointe, vous lui tombez dessus et vous lui demandez ce qu'il vient faire sur le chantier : croyez-moi, il ne récidivera pas.

— C'est que… ce n'est pas si simple, fit Bachmann lointain.

L'autre baissa la tête et se tut.

Ils descendirent sans hâte jusqu'à la route de Saint-Avold. Bachmann regarda le technicien s'éloigner le long de la lisière. Les raclements de la bétonnière moururent au loin dans la forêt de Villandreaux. Elle lui parut noire et inhospitalière. Il songeait aux transformateurs, au wagon-citerne. Il jeta un regard vers la cabane et vit le foudre coiffant le toit plat, massif, aérien.

Le foudre. La foudre.

L'ambivalence du mot le gêna. Le petit écriteau menaçant eût été mieux à sa place sur les flancs du vieux réservoir.

Le lendemain matin Bachmann partit plus tôt que d'habitude pour sa tournée d'inspection. La ligne approchait de la crête de Hirschwald et il devait vérifier si la position du dernier pylône ascendant prévue dans le plan était compatible avec les caractéristiques du sol. Il fut donc sur les lieux peu avant dix heures. Quatre ouvriers attaquaient le roc au marteau-piqueur sous la surveillance de Vercasson. Le mandrin taraudait la pierre par salves brèves qui faisaient gicler à la ronde les débris siliceux. De temps à autre, un fragment plus gros allait percuter avec violence sur l'habitacle du compresseur.

— Dites, Vercasson, lança Bachmann sévère, depuis quand travaille-t-on sans lunettes ?

— C'est qu'ils n'y voient rien avec ce mica devant les yeux, Monsieur Bachmann.

— Ils y verront encore moins quand ils auront reçu un de ces projectiles dans la figure.

Il se tourna vers les hommes :

— Allez chercher vos lunettes, on ne rigole pas avec ça. De vraies balles de fusil.

L'un d'eux fit mine de protester. Bachmann le coupa net :

— Déconne pas, Ferrier, fais ce que je te dis.

L'autre s'exécuta. Vercasson n'en menait pas large :

— Faut pas m'en vouloir, Monsieur Bachmann, j'avoue que ça m'a échappé, j'ai voulu faire vite.

— N'en parlons plus. Ça va pour l'emplacement ?

— Oui, mais vous avez vu, hein, ça résiste.

— Plutôt. Si vous croyez que c'est trop dur au marteau piqueur, entamez la roche à la dynamite.

— On va voir. A mon avis, ça doit céder.

— A vous de juger. A propos, où est Gaillemard ?

— Au pylône dix-neuf à sept cents mètres dans la descente. Voulez-vous que je l'appelle ?

— Non, merci, j'y vais.

Bachmann s'éloigna, préoccupé. Les marteaux avaient repris leur burinage rythmique. L'air comprimé chuintait en alternance avec les impacts rapides. L'ingénieur cessa de les entendre au bas de la côte.

Il marchait à grandes enjambées, ses bottes raclaient les bruyères, alternance étonnamment douce après les morsures métalliques des marteaux, malgré la décision des foulées et le craquement des brindilles. Il aperçut un casque jaune en hauteur à travers les fûts. C'était Gaillemard qui, assis sur une traverse à dix mètres du sol, vérifiait les soudures des cornières d'angle. Il descendit avec précaution de son perchoir par les petites entretoises obliques.

Ils discutèrent pendant quelque temps de l'état d'avancement des travaux, supputant les difficultés qu'ils pourraient rencontrer jusqu'au pylône vingt-quatre. L'équipe abordait un vallon de relief irrégulier et Gaillemard se demandait si l'alignement arrêté par Bachmann n'obligerait pas à prévoir un exhaussement du pylône vingt-deux. Il donna de longues explications à l'ingénieur.

Bachmann était songeur.

— J'y réfléchirai tout à l'heure, dit-il après un temps, il faut que je jette un coup d'œil sur le plan. De toute façon, si nous sortons de l'alignement prévu, il faudra demander une nouvelle autorisation d'abattage et vous savez ce que ça signifie…

Gaillemard n'insista pas.

Un petit avion ronronnait à haute altitude parmi les nuages nacrés. L'appareil croisait sans effort, ténu, presque immobile. Il disparut dans la masse éclatante d'un cumulus, fut longtemps inaudible, puis émergea dans le bleu, curieusement lointain. Gaillemard, le nez en l'air, suivit sa course en cillant jusqu'à la limite des cimes. Il souriait, apparemment oublieux de la présence de Bachmann. L'ingénieur fumait avec application. Lorsque le mégot commença à lui brûler les doigts, il le lança dans la bruyère d'une chiquenaude et expira la fumée avec lenteur, les lèvres largement étirées, l'air douloureux.

— Vous voyez ça ? dit-il brusquement.

Il tenait à la main la clé anglaise du vieux.

— Oui, fit Gaillemard interloqué, et alors ?

— Trouvé dans le matériel de mon visiteur.

— C'est tout ?

— Il y avait aussi une burette de mécanicien.

— Vous permettez ?

Gaillemard examina attentivement l'outil.

— C'est du matériel SNCF, conclut-il, regardez.

Il pointa un numéro de code sur le bord de la molette.

— Ça veut dire ? interrogea Bachmann.

— Ça veut dire que votre type est allé s'outiller dans un

atelier des chemins de fer ou quelque chose du même ordre… peut-être un entrepôt ou une cabine d'aiguilleur. Ce genre d'emprunt, si je puis dire, est assez courant. Idem probablement pour la burette.

— Je vous ai déjà dit que ce bonhomme me préoccupait. Ce que vous me dites confirme mes soupçons.

Gaillemard ne put réprimer un sourire :

— Toujours votre hypothèse de démontage si je comprends bien ?

— Evidemment. Ce n'est pas par hasard qu'il est allé chiper du matériel SNCF.

— En tout cas, avec sa clé anglaise et sa burette, il en a pour quelques mois si c'est au wagon-citerne que vous pensez.

— Eh bien quoi, ça vous paraît tellement idiot ?

— Idiot non. Impossible, tout simplement.

— Pièce par pièce, il y arrivera.

— Impossible, je vous dis. A part les vannes et les tringlages, chaque élément du wagon pèse entre cent kilos et une tonne.

— Le type n'est pas seul, j'en suis sûr.

— Admettons, mais alors ils devront s'arranger pour nous piquer un chalumeau et un palan.

Il ajouta, goguenard :

— Tant qu'ils ne nous volent pas nos pylônes…

Bachmann blêmit.

— Pensez-en ce que vous voudrez, Gaillemard, dit-il d'un ton cassant, mais ne vous foutez pas de ma gueule.

Gaillemard, décontenancé et furieux, fit un geste évasif qui exprimait à la fois de vagues excuses et l'agacement qu'il éprouvait devant l'obsession de son chef. Celui-ci, c'était visible, regrettait sa sortie.

— N'en parlons plus, on verra bien, se contenta-t-il de dire d'un air mortifié.

Ils en revinrent paisiblement au pylône vingt-deux et à la question de l'alignement. Bachmann n'apporta aucun élément nouveau et se contenta de récapituler toute une série de détails qu'il avait réglés de longue date avec son adjoint. Il fut question du calibre des conducteurs, du volume des socles, de la fixation des isolateurs, des mesures de sécurité à prendre lors de la mise sous tension, des délais de montage, etc. Gaillemard se rendait parfaitement compte que l'ingénieur prolongeait l'entretien dans le seul but de lui faire oublier ses doutes maniaques au sujet du wagon-citerne. Il tarabustait le technicien depuis la veille avec ce que l'autre considérait avec raison comme un faux problème ; il tentait maintenant de rétablir l'équilibre pour éviter le reproche d'avoir négligé son travail sous l'effet d'une lubie.

Bachmann traversa le fracas des marteaux-piqueurs sans tourner la tête et regagna la cabane. Il allait aborder le dernier raidillon lorsqu'il décida de contourner le chantier. Il prit à droite à travers bois, longea la route de Saint-Avold et remonta par le chemin creux qui débouchait sur le mur de l'usine abandonnée. L'escalade était pénible, les ronces le retenaient par le bas du pantalon et l'empêchaient de s'aider des mains pour gravir la pente.

A proximité de la palissade, les mûriers, denses et profonds, lui montaient jusqu'à mi-cuisse. Il se dépêtra à grand renfort d'enjambées maladroites, s'égratignant les doigts, chutant dans des failles invisibles, coléreux, grotesque. Il atteignit l'angle du mur, s'y adossa et souffla quelques instants.

Il n'avait jamais eu la curiosité de s'aventurer dans l'ancienne cour de l'usine. Rompu par l'effort qu'il venait de faire pour échapper au piège végétal, Bachmann récupérait en songeant aux machines ruinées que lui dissimulaient les moellons. Il longea la surface grumeleuse, heureux de la chaleur latente du mortier et des cailloux que palpaient ses mains douloureuses. Une porte métallique gauchie pendait encore à une charnière. Bachmann exerça une pression prudente sur les lambeaux de tôle rouillée. Le vieux cadre grinça et rabattit mollement les ronciers, impact mou, à peine audible.

L'ingénieur traversa la cour encombrée de treuils et d'éboulis de chaînes. Silence des métaux morts, de la corrosion fauve.

Vieille mécanique à peine identifiable, cuves éventrées, bielles, trains de roues enfoncés dans le sable jusqu'à l'essieu. Les ferrailles dormantes l'émurent et l'irritèrent à la fois, cimetière des actes plus que des machines. Ce rien de tristesse que nous arrache la technique figée.

Bachmann pressa le pas en approchant de la palissade et déboucha brusquement sur l'aire du chantier par le coin où venait se poster le guetteur. Le cri rauque de l'homme fusa au moment précis où l'image sombre du wagon-citerne se profila sur le ciel.

Obnubilé par la fenêtre de la cabane, pour lui seule source des surveillances dangereuses, le vieux n'avait pas imaginé que l'ingénieur allait emprunter le même chemin que lui. La palissade était son lieu secret, il se coulait derrière les vieilles planches pendant les heures de travail, observait le chantier à l'aise et calculait ses intrusions dans la certitude d'une retraite facile.

Cette fois il était coincé, l'homme de la cabane arrivait sur lui et il n'avait plus le temps de fuir en direction de la route de Saint-Avold. Il attendit, craintif, les mains au ventre, légèrement haletant. Le sac à dos gisait à plat sur la voie.

Bachmann lui faisait face, ému, sévère. Sa colère tomba abruptement devant cet inconnu petit et recroquevillé qui évitait son regard.

— Fallait bien qu'on fasse connaissance un jour ou l'autre, pas vrai ? dit-il sur un ton vaguement blagueur.

Le vieux releva la tête, haussa imperceptiblement les épaules et toussota, impuissant

— Mon nom est Bachmann. Je suis l'ingénieur en chef. Ça ne vous dit rien ?

— …

— Comment vous appelez-vous ?

Bachmann lui parlait comme à un enfant, il était désireux de cerner le personnage tout en évitant de paraître menaçant. Il aurait pu se contenter de lui dire « Votre nom », mais il trouvait la formule trop policière. Le vieux le regardait toujours sans rien dire, il prolongeait l'incertitude, offrant à l'ingénieur ce loisir d'annulation physique que seule permet la honte d'un visage proche. Bachmann ne le percevait sénile qu'en reconstituant à la faveur de l'infranchissable mutisme la scène de sa fuite boitillante le jour où leurs regards s'étaient croisés à travers la vitre de la cabane. De près, la face était plus douloureuse que vieille, la terreur (déjà faiblement apaisée) tordait un peu la bouche et marquait les traits d'une débilité souriante (l'âge, songeait Bachmann, n'est que résignation mimant l'épouvante). Les rides, la peau sèche et trop jaune, quelques tics irréguliers, c'était assez pour voir dans le survivant le mort en filigrane. C'était trop peu pour dater le survivant tout court.

L'homme avala sa salive, la tête pivota presque cruelle :

— Je m'appelle Braun, Alfred Braun, dit-il rapidement.

— Et bien, Monsieur Braun, vous devriez savoir qu'il est interdit de circuler sur le chantier.

— Oui, je sais, l'écriteau…

Il pointa faiblement du doigt vers la palissade.

— Vous aviez donc vu l'écriteau ?

— Oui, oui, j'avais vu.

— Et malgré cela…

— Eh…

Bachmann fixait le sol, perplexe. Cet homme, dont les manœuvres l'avaient obsédé et qu'il venait de prendre au piège n'était plus qu'un corps inutile.

Il lui toucha le bras, à peine :

— D'où venez-vous ?

— De Pontpierre.

— Ah, Pontpierre. Je connais. Au début des travaux, j'y suis allé une fois ou deux avec mon adjoint. Il posait des nasses dans la Nied et ramenait des écrevisses.

— Ouais, il y en a pas mal dans la Nied.

— Vous habitez Pontpierre ?

— C'est-à-dire que j'habite Laudrefang, mais je loge parfois à Pontpierre. Enfin, c'est compliqué. Je ne crois pas que je resterai à Pontpierre, c'est la poisse…

— Que voulez-vous dire ?

— Ça... c'est toute une histoire.

— Vous avez eu des pépins ?

— Si on veut, pas vraiment.

— Graves ?

— Bah.

— Que venez-vous chercher sur le chantier ?

Braun ne répondit pas. Il ramassa le sac à dos.

Bachmann sortit la clé anglaise de sa poche et la tint bien en évidence, en sorte que le vieux l'eut sous le nez quand il se releva. Il fit un bond de côté, croyant que l'ingénieur s'apprêtait à le frapper.

— Ne craignez rien, dit Bachmann, je ne vais pas vous fracasser le crâne.

— Ah, mais... c'est ma clé.

— Je sais. Vous avez toujours votre burette ?

— Comment... Ah, je comprends, vous avez trouvé mon sac, hein ?

Il leva la petite masse efflanquée à hauteur de visage.

Bachmann s'efforçait d'être aimable, mais comme il ne pouvait éviter de poser des questions, son ton était fatalement celui de l'inquisiteur.

— Tenez, dit-il en lui tendant l'outil.

Le vieux reprit sa clé et la fourra dans le sac à dos.

— C'est ce vieux machin qui vous intéresse ? insista-t-il en tournant la tête vers le wagon-citerne.

— Mais...

— Vous cherchez des pièces ?

L'autre se récria :

— Ah, pour ça non, Monsieur l'ingénieur, n'allez pas croire ça, non, non, jamais de la vie.

Bachmann plissa les paupières, la colère refluait en lui d'échanger des banalités avec l'intrus. Il articula, l'index menaçant :

— Ecoutez, Monsieur Braun, je n'ai pas de temps à perdre.

L'accès du chantier est interdit pour des raisons de sécurité et vous n'avez pas le droit de venir vous balader ici, c'est clair ? Ceci dit, vous pensez bien que je ne vais pas vous embêter parce que vous venez jeter un coup d'œil sur ce bidon. On pourrait même…

— Je vais vous dire…

— Ne m'interrompez pas… On pourrait même admettre que la voie de garage ne fait pas partie du chantier et que dans la mesure où vous en restez là, je n'ai rien à dire. Quant au wagon lui-même, il appartient à la SNCF et il n'a pas été amené ici pour les travaux de la ligne. C'est vous dire si je m'en balance, hein, de ce réservoir à roulettes.

Le mensonge passait mal et cette fois encore il eut honte de sa passion curieuse.

Sa colère ne lui venait pas des intrusions de Braun (ni des infractions qu'elles constituaient, ni même des questions de sécurité qu'elles soulevaient) mais du fait qu'il se demandait si l'objet exerçait sur celui-ci un charme aussi puissant que celui qu'il subissait lui-même. Un charme. Le mot était choquant référé à ces quinze tonnes d'acier qui pourrissaient à l'orée de la forêt de Villandreaux. C'était pourtant le seul qui traduisît l'étrange émoi qui l'envahissait lorsqu'il jetait les yeux sur le foudre, joie courte pareille à celle qui surgit dans les musiques sans fin au moment où l'on devine que va s'étaler le thème inoubliable. A la limite, le wagon n'était pas un objet, il fallait pour qu'il en devînt un faire abstraction du tablier et des roues, parties utilitaires et laides, les plus atteintes dans la dégénérescence de l'ensemble, incompatibles avec le foudre qui n'était que forme et perdurait malgré les fuites probables. Faire abstraction, retirer du réel. Cela valait pour les parties inférieures. Dès que le cylindre captait son regard, faire abstraction voulait dire ne voir que le renflement régulier, l'énormité essentielle de la chose condamnée. Et Bachmann, oubliant l'indésirable repartait dans ses rêveries euclidiennes.

Il dévisagea le vieil homme :

— Au fond, pourquoi venez-vous rôder autour de cette marmite ?

Le terme dépréciateur voilait toute apparence d'intérêt pour le wagon déclassé. Ingénieur, il éprouvait une pudeur secrète à trouver attachantes des choses qu'il ne devait, croyait-il, considérer que sous l'angle technique. Faire abstraction, oublier l'objet et chercher l'équation. Pas de pitié, croyait-il, pour les adultes qui s'éprennent d'un train électrique ou d'une poupée. (Parfois un rien de condescendance et c'était plus redoutable.)

— Je ne suis pas un voleur, dit Braun sourdement.

— Je n'ai jamais dit ça, je vous pose des questions, c'est tout.

— Justement, vous me posez des questions. Vous vous méfiez. Vous vous dites que je suis un propre à rien et que si je viens c'est pour chiper. C'est ça que vous pensez.

— Vous vous trompez. L'accès du chantier est interdit, je vous l'ai déjà dit, et vous le savez. D'ailleurs, que vous récupériez une tôle ou quelques boulons, c'est sans importance. Seulement, la dernière fois, le wagon a été déplacé et ça, c'est plus grave. L'engin aurait pu filer dans la descente et s'il y avait eu quelqu'un sur la voie ou sur le front de la sablonnière…

Braun sursauta :

— Monsieur l'ingénieur, je vous jure que je n'ai pas touché au volant de serrage, non, je vous jure.

— Admettons, mais alors qui ça peut-il être ? Vous comprenez, vous êtes le seul visiteur que j'ai remarqué, c'est logique…

— Ah, mais je ne suis peut-être pas le seul.

— Pourquoi vous cachiez-vous ?

— … Ben, l'écriteau…

Il y eut un silence. On entendait, très loin, la crécelle irrégulière des marteaux-piqueurs. Bachmann éprouva une lassitude soudaine. Il avait l'impression de perdre son temps, d'être à côté de la question. Les propos qu'il échangeait avec Braun lui semblaient dissimuler quelque chose d'important que l'attitude du vieux rendait informulable.

— Bon, conclut-il, ne dramatisons pas, maintenant que je vous connais c'est différent mais… soyez prudent, hein ?

Il quitta brusquement Braun et pénétra dans la cabane. Il

déplia des bleus et attaqua le problème du pylône vingt-deux. Il réfléchissait à voix haute, plissant les paupières dans la fumée de la cigarette, jetant de temps à autre un coup d'œil par la fenêtre. Braun s'éloignait en longeant la palissade. Pour la première fois il marchait sans crainte sur l'aire interdite. Il disparut vers la route de Saint-Avold. Bachmann se demandait s'il allait à Pontpierre ou à Laudrefang. Il jeta un regard rapide au wagon-citerne et se replongea dans ses calculs.

Le 16 septembre, l'équipe entamait le placement du pylône trente-quatre. L'abattage continuait, on pouvait maintenant suivre l'alignement des hautes structures métalliques jusqu'à la dorsale de la forêt de Villandreaux. Au-delà de cet ultime foisonnement de verdures, les hommes retrouveraient bientôt la plaine et travailleraient dans des conditions moins pénibles. Les marteaux-piqueurs lointains n'atteignaient plus la cabane que comme le léger taraudage intermittent des pics verts sur les troncs forestiers. Septembre était doux. Des busards dérivaient pendant des heures à l'orée de la forêt, inaccessibles, pacifiques. Les orages vinrent vers la fin du mois. Bachmann regardait toujours le foudre à travers la fumée de sa cigarette. Après l'averse, le réservoir luisait et semblait remis à neuf pour un temps. Les hommes travaillaient à plus de sept kilomètres de la cabane, ils venaient rarement, sauf s'ils avaient besoin d'instructions urgentes. Bachmann faisait régulièrement son inspection du matin. Pour le reste, il communiquait par radio avec Gaillemard et Vercasson. L'éloignement l'obligea à instaurer un rapport de fin de journée. Celui-ci se tenait sur le front d'avancement, ce qui permettait à l'ingénieur de procéder à des vérifications supplémentaires. Par mauvais temps, la réunion avait lieu dans la cabane.

Depuis le jour de la fameuse explication, Braun venait souvent flâner sur le chantier. Il tripotait impunément le wagon-citerne et rangeait ses petites découvertes dans de vieilles boîtes métalliques qu'il allait chercher dans la cour de l'usine. Il eut bientôt une appréciable collection de boulons et de cornières. Bachmann le laissait faire, secrètement heureux de voir qu'il s'occupait du vieil engin. L'homme ne se contentait pas de procéder aux menus démontages que permettait la désagrégation du wagon, il resserrait aussi les pièces intactes et huilait les parties mobiles. Le serre-frein retrouva son fonctionnement normal.

— Vous ne pourrez plus m'accuser de l'avoir déplacé, hein, dit-il à Bachmann qui le regardait faire, il est calé à bloc maintenant.

L'ingénieur souriait :

— On ne saura jamais qui a fait ce coup-là.

— Moi je le sais, ce sont des gamins du village, mais je vous garantis qu'ils ne recommenceront pas.

— Vous leur avez parlé ?

— Et alors.

— Dites donc, Braun, il faudra bientôt que je vous nomme gardien.

— Ça changerait pas grand-chose.

Braun disait vrai. Il avait obtenu ce qu'il voulait. Il arrivait régulièrement à huit heures comme s'il avait fait partie de l'équipe. Au début, les hommes de Bachmann l'avaient un peu regardé de travers, surtout Gaillemard qui n'avait pas oublié l'altercation avec son chef à propos du vieux. De le voir circuler librement sur le chantier sans adresser la parole à personne, le technicien l'avait pris en grippe et se demandait quelles étaient les raisons qui avaient motivé le curieux revirement de Bachmann.

N'y tenant plus, il lui demanda un matin avant de partir pour Villandreaux :

— Dites-moi, Monsieur Bachmann, votre type, qu'est-ce qu'il fabrique exactement ici ?

— Ne vous tracassez pas pour lui, Gaillemard, il est inoffensif.

Le ton de Bachmann était plutôt sévère. Gaillemard insista pourtant :

— Je n'en doute pas, seulement il y a quelques mois, quand vous m'en avez parlé, vous étiez plutôt méfiant.

— Les choses ont changé.

— Oh, remarquez, si je reviens là-dessus c'est uniquement parce que…

— Oui, je sais, les intrusions, les outils de la SNCF, le déplacement du wagon. Je sais, je sais. C'est réglé.

— Bon, bon, si vous dites que c'est en ordre, moi…

— Mais oui, Gaillemard, c'est en ordre.

Il se retourna au moment de partir :

— Moi, Monsieur Bachmann, je ne discute pas vos ordres, n'allez pas croire ça. Du reste, souvenez-vous, j'avais toujours dit qu'il ne pouvait rien chiper avec sa clé anglaise et sa burette.

Bachmann ne put réprimer un sourire.

— Ne vous en faites pas, Gaillemard… A propos, c'est bien le pylône quarante-deux que vous attaquez aujourd'hui ?

— Oui, fit Gaillemard penaud.

— Encore douze à placer, si je comprends bien ?

— C'est exact, seulement pour les cinq derniers, faudra déménager la cabane, on sera à treize kilomètres d'ici.

— On verra.

En traversant la forêt avec Vercasson, le technicien s'arrêta net quand il fut sûr qu'ils étaient hors de vue. Il saisit le bras de son camarade :

— Dis, Vercasson, tu ne trouves pas que Bachmann est bizarre ?

— C'est pas nouveau, mon vieux.

— D'accord, mais son type, hein ?

— Oh, moi, le vieux Braun, tu sais, je m'en fous complètement.

— En attendant…

— Laisse tomber, Gaillemard, tu ne vas pas commencer à t'exciter là-dessus à ton tour, hein ?

Gaillemard ne répondit pas. Ils reprirent leur marche entre les hêtres.

Le retournement de la situation était complet. Braun, de suspect qu'il était, passait aux yeux de l'équipe pour le protégé de l'ingénieur et c'était maintenant l'adjoint principal qui objectait à la présence du vieux après avoir été son défenseur. L'indifférence de Vercasson irritait Gaillemard. Il se sentait abandonné par son camarade autant que par son chef. Quand il pensait à Braun, une sourde colère montait en lui.

— Bachmann est cinglé, murmurait-il invariablement.

Le travail lui fit oublier le vieux. Le placement du pylône cinquante marqua la fin de la période favorable. Les tempêtes de novembre mettaient l'équipe à rude épreuve. Kühl, le monteur en chef, fit une chute grave et dut être hospitalisé. Une bronchite obligea Bachmann à s'absenter pendant dix jours. Le béton des socles prenait mal sous la pluie, empêchant le montage des superstructures. Pendant la maladie de Bachmann, Gaillemard prit la direction des opérations, au reste très ralenties. Il toléra les va-et-vient de Braun sur le chantier, préoccupé par le retard des travaux, qui allait sans doute différer la pose des câbles jusqu'au printemps. Le wagon-citerne, balayé par les rafales, avait repris son allure de ruine. L'hiver imminent allait le figer dans une coque de givre qui dissimulerait longtemps les rafistolages de l'intrus. Lors du premier rapport du personnel qui eut lieu après le retour de Bachmann, on décida de ne pas poursuivre le placement des derniers pylônes et de faire porter l'effort sur les aménagements intérieurs de la station de raccordement. Le déménagement de la cabane fut reporté à une date ultérieure.

On était le vingt-neuf novembre.

Braun était souvent sur le chantier à l'heure du rapport. Celui-ci se tenait vers quatre heures et demie. L'obscurité empêchait les hommes de voir le vieux de la cabane. Il s'en allait la plupart du temps avant la fin de la réunion. Bachmann était averti de son départ par le grincement de la porte rouillée qui donnait sur la cour de l'usine. Il levait les yeux vers la fenêtre, mais personne ne pouvait deviner la signification de ce mouvement imperceptible. Un soir de décembre où la neige s'était mise à tomber, Gaillemard déclara en regardant les gros flocons s'aplatir contre la vitre :

— Faudrait dire à Braun de venir se réchauffer un peu. Par

ce temps…

Bachmann, surpris, plissa le front. Les autres acquiescèrent par des grognements à la proposition du technicien. On fit entrer l'intrus. Il alla s'asseoir dans un coin sans rien dire. La discussion technique continua, comme si l'on avait simplement été chercher à l'extérieur une chaise sur laquelle personne ne s'attendait à voir s'asseoir un visiteur. Quand les voix se taisaient, chacun entendait distinctement le vieux souffler dans ses mains jointes et toussoter. Il changeait de position de temps à autre, calant ses fesses contre les planches en raclant les jointures du haut des talons. Le bruit rappelait celui d'un chien qui tournoye pour trouver une gîte confortable et s'endort en soupirant.

Quand les hommes se furent retirés, Braun, recroquevillé dans son coin, se retrouva seul avec l'ingénieur.

— Alors Braun, fit Bachmann, on est réchauffé ?

— Ça va, ça va, Monsieur Bachmann. Notez, il ne fait pas très froid dehors.

— Oui, mais il y a la neige.

— Il ne fait jamais très froid par ici quand il neige.

Il ajouta, souriant :

— J'ai pas pu m'occuper beaucoup du bidon à cause du temps, mais quand il fera sec vous verrez, ce sera autre chose, vous pouvez me croire.

— Vous avez tout le temps d'arranger ça, je vous fais confiance.

Braun parut satisfait du verdict. Une toux longue et racleuse l'empêcha de répondre. Une main devant la bouche crachotante, il ébauchait de l'autre de petits mouvements saccadés par lesquels il tentait d'exprimer sa gratitude

Bachmann le trouva pitoyable.

— Voulez-vous coucher cette nuit dans la cabane ? demanda-t-il.

— Non, merci, c'est pas la peine.

— Si vous rentrez à Laudrefang, je peux vous y déposer en voiture.

— Je rentre pas à Laudrefang.

— Ailleurs si vous voulez.

— Non… non… je ne sais pas.

L'ingénieur, nerveux, faisait tourner son trousseau de clés autour de son doigt. Il n'insista pas. Braun se leva péniblement et lui emboîta le pas quand il le vit se diriger vers la porte. Dans sa voiture, au moment de tourner la clé de contact, Bachmann entendit encore la toux et les semelles traînantes sur l'aire cendreuse.

Le vieux ne parut plus pendant près de quinze jours. Lorsque les hommes quittaient le soir la station de raccordement, il leur arrivait de demander de ses nouvelles à Bachmann.

— Que voulez-vous que je vous dise, répondait-il, feignant l'indifférence.

— Drôle de zigoto, disait Vercasson.

— Où est-ce qu'il gîte ? demandait Gaillemard.

— Que voulez-vous que je vous dise, répétait Bachmann.

L'intrus avait quitté les lieux. Son absence alimentait les conversations, suscitait les plus curieuses conjectures. Certains prétendaient qu'il avait pris peur. Peur de quoi, demandait-on, il est ici comme chez lui. Vercasson disait « C'est un nomade, il est allé vagabonder ailleurs ». « Moi, soufflait Gaillemard, je crains fort qu'il soit allé retrouver le pauvre Kühl. » Kühl était mort à l'hôpital des suites de sa chute. « Sait-on jamais », grognait Bachmann. L'équipe était dérangée dans son travail par la défection de l'homme inutile. L'oubli ne vint pas. Le silence en donna l'illusion.

Le soir du 20 décembre, Bachmann travailla tard. Il voulait mettre la dernière main au plan de connexion de la station avant les fêtes de fin d'année. Un choc mou sur le ballast de la voie de garage le tira de ses calculs. Il saisit sa torche et éteignit la lampe de bureau. Une lueur voyageuse dansait de gauche et de droite autour du wagon-citerne. Elle s'éteignit puis réapparut sous l'échelle métallique pendant quelques secondes. L'impact d'une ferraille sur le tablier éveilla le silence. L'ingénieur trouva Braun tassé sous une couverture dans la cabine de vigie. Il savait maintenant pourquoi le vieux ne répondait pas quand il lui demandait s'il retournait à Laudrefang ou à Pontpierre. Occupant nocturne du wagon-citerne, Braun n'avait jamais été là pendant le jour que par erreur.

Bachmann récapitula ses pitiés successives. Il crut un instant qu'en admettant l'homme sur l'aire interdite, il avait été vaincu par sa déréliction. Il le voyait s'endormir entre les planches étroites, indifférent à sa présence. Le foudre était bien gardé et dans cette certitude, Bachmann comprit qu'il n'avait jamais eu pour l'intrus le moindre élan charitable. Il reconstituait dans le noir la géométrie intacte du wagon dépérissant. Il pensait aux jouets de son enfance. Il s'était épris d'un solide euclidien.

Georges Thinès

Les petits pingouins

Les petits Pingouins, nouvelle, Jean Muno, Le Cri.

Pour Jean-Marc et Martine,
en mémoire de Bof.

Il y avait un petit jeune homme qui s'appelait Stéphane. Le nom de famille n'a pas d'importance.

Stéphane vivait sagement entre père et mère. Tous ces gens-là appartenaient à l'enseignement, diplômés-diplômeurs depuis des générations, encordés les uns aux autres par la timidité, le culte de l'orthographe, l'orgueil des beaux principes. N'empêche que Stéphane était à l'âge où, saturé de jeux éducatifs, il eût aimé en connaître d'autres, certains risques aussi, ronces et roses de la vie. Plus précisément, l'année dont nous parlons, celle de ses vingt ans, il s'était juré de passer au moins les réveillons loin des siens et, pour la première fois, de ne point inscrire l'an nouveau sous le signe de la dinde familiale, fût-elle farcie de bonnes intentions.

Donc, le 16 décembre, Stéphane fit la connaissance de Sarah. Elle avait tout pour plaire, notamment des petits seins comme il faut. Seulement il fallait agir vite, en moins de huit jours, alors même qu'elle laissait entendre qu'il y avait quelqu'un dans sa vie, un Alex dont elle faisait régulièrement état sur un ton mélangé d'estime et d'affection. « Un ami, disait-elle, un type bien. »

C'était beaucoup d'obstacles pour l'inexpérience de Stéphane. pourtant il entreprit le siège de la jolie vendeuse. Il la lui fallait pour Noël ! Il obtint quatre rendez-vous, mais au cours de ces trop brèves rencontres, il fut surtout question d'Alex. Des atermoiements d'Alex. Irait-il, n'irait-il pas aux sports d'hiver ?

S'il n'y allait pas, Sarah devrait passer les fêtes avec lui, cette décision ayant été prise de longue date, bien avant l'intrusion de Stéphane. Une obligation morale.

Sur une piste de slalom, expliquait Sarah, Alex, le grand Alex, avait tout du fonceur ; dans la vie courante au contraire, il aimait hésiter, jouer les sphinx. Le fait est que, tout au long de la semaine, il joua avec les espoirs de Stéphane. Enfin, l'avant-veille de Noël, la décision tomba : elle était négative. Notre héros en devint encore plus pâle que d'habitude, et Sarah, qui l'observait curieusement, en parut toute contrariée.

— Ne soyez pas fâché, dit-elle en lui prenant la main. Nous pourrions fort bien réveillonner ensemble.

— A nous trois ?

— Pourquoi pas ? Alex aimerait vous connaître.

— Tout de même… , dit Stéphane.

(Mais qu'avait-elle donc à le regarder ainsi, dans les yeux ?)

— Achevez votre pensée.

— Je me mets à la place de monsieur Alex. Lui, vous… et puis moi !

Elle partit d'un franc éclat de rire.

— Si vous le connaissiez ! C'est un sportif, Alex.

Puis, avec une pression des doigts, comme dans un élan retenu de sympathie :

— Alors, Stéphane, c'est entendu pour la Noël ?

Pensant moins à Sarah qu'au mystérieux chaperon, Stéphane se prépara minutieusement, mais sans entrain, comme pour une épreuve. Il se voulait impeccable. A ce propos d'ailleurs — comment être impeccable et le rester —, chaque membre de la famille avait son mot à dire. « Si tu mettais plutôt ta chemise bleue ?… Et tes dents, Stéphane, tu ne les brosses pas ? » Lui, bien sûr, eût préféré plus de discrétion, voire l'indifférence, mais ce n'était pas le genre de la maison. On voulait vivre à découvert les uns pour les autres. Au moment de sortir, quand son père lui souhaita bonne chance d'un air complice, lui offrant deux bouteilles de pineau en guise de viatique, il dut mesurer une fois de plus la chance qu'il avait d'être compris, suivi jusqu'en ses plus frivoles entreprises.

Malheureusement, tandis que, soutenu par les siens, notre ami s'employait à mettre tous les atouts de son côté, il s'était mis à pleuvoir. Pluie menue, sournoise, glacée. On attendait de la neige, bien entendu, une bonne grosse neige duveteuse de Noël, et ce grésil sur la terre gelée constituait un vrai scandale. Presque aussitôt, alors même que Stéphane fignolait son nœud de cravate, tout ce qui se déplaçait sur les chemins et les routes se prit à zigzaguer. Il y eut des accrochages, des culs par-dessus têtes, et ça glissait de mieux en mieux, la pluie tombant de plus belle. Les clebs, eux, continuaient d'aller à leurs petites affaires, furetant de gauche à droite, les clebs et les matous, mais c'étaient bien les seuls, car pour les autres, les deux-pattes, on les voyait le plus souvent par terre, ou très mal accrochés, et pas seulement les ivrognes, mais les femmes, les enfants, les jeunes et les vieux, les pauvres comme les richards.

Quand Stéphane sortit de chez lui, tout attiédi de bienveillance familiale, il ne se doutait de rien. Pour rejoindre la route qui descend vers la gare, vous devez prendre à gauche. Bien malgré lui, ce fut à droite qu'il tourna, dans la haie. Heureusement, il s'agissait d'une haie qu'avait plantée son père, élastique et non piquante, laquelle le renvoya sur le chemin, les pieds dans la bonne direction. Il fit encore un pas, un seul, et parcourut de trois à quatre mètres, genoux en dedans, jambes fléchies, dans une position qu'Alex le skieur n'eût point désavouée.

J'en connais qui auraient fait demi-tour. Pas Stéphane. Trop d'espoirs et de bons vœux l'avaient poussé dehors. Mais ce qui le décida à poursuivre coûte que coûte, ce fut la pensée, égoïste mais délicieuse, que le verglas pouvait fort bien éliminer Alex et lui offrir la chance d'être seul avec sa vendeuse, en pleine Cythère jusqu'aux petites heures.

D'ailleurs, il ne fallait pas dramatiser. A condition de se tenir sur le bas-côté, un pied dans la rigole, on avançait. Plus loin, il y avait des murs, des treillis, des portillons où s'accrocher. Tant bien que mal, pineau intact, Stéphane parvint jusqu'au tunnel qui, passant sous les voies, débouche près de l'entrée de la gare. Le terre-plein brillait comme une toile cirée.

Il n'avait pas à le traverser, seulement à longer la façade jusqu'à la porte. Pourtant, à la vue de cette grande place familière, étrangement vide tout à coup, avec ses reflets d'étang maudit, il éprouva un sentiment d'impuissance. Il n'arriverait pas à franchir les distances qui le séparaient de Sarah. Pas ce soir. Là-bas, de l'autre côté de la route, en pleine solitude, la crèche et le sapin illuminé, le bel arbre fastueux qui annonçait la fête, comme les vestiges d'un décor englouti.

Dès qu'il fut entré dans la salle d'attente, cette impression se dissipa. Ici, tout était savoureusement quotidien : la lumière parcimonieuse, l'odeur rance, vaguement militaire, de brodequin humide, le visage de Justin, un peu rance également, dans l'ovale du guichet. Un billet, c'est un contrat, un appel à la sécurité magique de l'horaire. Comme n'importe quel soir, il y avait d'autres voyageurs. Un vieux couple attendait benoîtement, tout nimbé de la paisible lueur du déjà-vécu.

— Un aller-retour pour Bruxelles.

Justin eut une hésitation.

— Vous devrez attendre.

— Longtemps ?

— Je n'en sais rien. Pour le moment, tout est bloqué.

— Donnez-moi le billet tout de même, dit Stéphane fermement.

Il s'assit en face du couple. Ces deux-là, avec leurs parapluies tout secs, ils avaient l'air d'être ici depuis toujours. De vilains parapluies noirs, tout secs et décharnés.

Stéphane se leva, leur tourna le dos, gagna la porte. A travers la vitre et son propre reflet, il revit la grande place déserte, l'arbre qui rutilait pour rien. Alors, de nouveau, les distances lui parurent infranchissables, et il se prit à espérer la venue d'autres voyageurs, un flot d'autres voyageurs décidés à fêter Noël et qui l'entraînerait, le porterait, vers Sarah.

Or, par la grand-route, arrivait une petite fille qui s'appelait Clémentine, et s'en allait chercher Noël à deux kilomètres de là. Naturellement, cette petite fille n'était pas seule dans une nuit si noire. On l'avait confiée à sa tante, une bonne vieille dame, ronde comme une pelote de laine dans laquelle était piqué un parapluie de fantaisie. Clémentine, bien entendu, avait toute l'insouciance de son âge. Elle n'en finissait plus de faire des glissades, de secouer sa queue de cheval, de bavarder fort sérieusement à tort et à travers. Elle disait, par exemple :

— Les Suisses, ce sont des gens qui ne tombent jamais. Ils ont l'habitude, tu comprends. Ils n'ont pas peur, eux !

Il faut savoir que la péronnelle avait séjourné en Suisse l'année précédente à pareille époque, et qu'elle n'en était pas encore tout à fait revenue.

— Mon Dieu ! se contentait de soupirer la tante à intervalles réguliers.

— Les Suisses ont des chaussures spéciales. Pour la neige éternelle. C'est tellement haut qu'il n'y a rien pour se retenir. Si tu glisses…

— Moi aussi, je finirai bien par tomber ! gémissait la tante.

— Ce n'est pas pareil. Les Suisses, quand ils tombent, c'est dans des précipices. Ils sont morts. Toi, tu ne seras pas morte.

(Ce qu'elle pouvait être agaçante, cette enfant-là !)

— Tante Hélène, tu as déjà vu un précipice ?

La vieille dame haussa les épaules. On la comprend. Seulement, dans la position où elle se trouvait, toute improvisation était une imprudence. La chute fut soudaine, au centième de seconde. L'écroulement muet.

— Un précipice, expliquait gaiement Clémentine qui n'avait rien vu, rien entendu, c'est un trou dont tu ne vois pas le fond. Alors tu te penches, tu te penches… et tout à coup… Ma tante !

Hé oui, la tante n'était plus là. Je veux dire qu'elle était assise au milieu de la chaussée, le buste bien droit et le chapeau coquin. Elle maintenait son parapluie ouvert au-dessus d'elle.

— Relève-toi, dit Clémentine en la prenant par les épaules. Puis, anxieuse tout à coup :

— Tu t'es fait mal ?

Elle était sans voix, la bonne dame : l'effet du choc. Et elle haletait bruyamment. Clémentine prit peur.

— Ma tante ! ma tante !

En même temps, car elle n'était point sotte, elle se tournait vers le bâtiment dont on voyait briller les lumières de l'autre côté de la place. La porte de la gare s'ouvrit presque aussitôt.

— Qu'est-ce que c'est ? fit une voix d'homme.

— Ma tante ! Elle s'est fait mal !

— J'arrive !

La généreuse, la téméraire silhouette ! Elle s'élança, agita bras et jambes, se répandit. On perçut distinctement un très gros mot.

— Grossier personnage, dit sévèrement la vieille dame.

Le fait est qu'elle avait su tomber, elle, avec décence, confortablement même, le derrière bien d'aplomb sur son gros sac de ménagère.

Clémentine releva Stéphane, Stéphane releva la vieille dame, et celle-ci releva Clémentine qui était tombée entre-temps. Tous trois se retrouvèrent dans la salle d'attente, échangeant des mercis et quelques menus soins.

On apprit que la tante s'appelait Hélène Baudry, parente de l'instituteur principal, cousine des Baudry grainetiers. Vous y êtes ? Evidemment, c'était chez eux qu'elle se rendait ce soir. Seize convives, et rien que des Baudry ! Comme Stéphane feignait poliment de les connaître, au moins de vue, la dame le jugea trop bien élevé pour avoir proféré le gros mot qu'elle avait cru entendre.

— Et maintenant, tante Hélène, on continue ? demanda Clémentine avec l'inconséquence propre à son âge.

Sotte question : point de réponse. D'ailleurs, Mlle Baudry s'était installée sur le banc afin de procéder à une remise en ordre de sa personne. Après quoi, elle entreprit l'inventaire du gros sac qui avait bravement servi de tampon. Et là, vraiment, c'était une besogne !

Il y avait de tout dans le sac, tout un ménage qu'elle disposa sur la banquette à côté d'elle, nommant les choses, parfois les commentant. Des biscuits, bien entendu, des brioches, des pruneaux et des bonbons au miel, mais aussi des pantoufles, trois paires de lunettes (les « petites », les « grosses » et les « bonnes vieilles »), un tricot, la poupée de Clémentine, et puis encore, car on ne pouvait arriver chez le grainetier les mains vides, un flacon d'élixir, des oranges et, dans une boîte en fer blanc, du pudding hors commerce. Par bonheur, les dégâts étaient minimes. La boîte était légèrement enfoncée, ce qui attestait fort à propos la violence du choc, et l'une des oranges, un peu meurtrie, devait être mangée. Mlle Baudry la partagea entre Stéphane et sa petite nièce qui, la bouche pleine, demandait :

— Alors, ma tante, c'est maintenant qu'on part ?

— Les voici ! annonça la vieille dame. Tout au fond naturellement !

Une boîte ronde, dorée, peut-être andalouse, qui avait en effet l'air plus précieuse que tout le reste.

— Avec ça, nous sommes sauvées !

Elle choisit une pastille, blanche et dodue, l'introduisit entre ses lèvres, fit l'effort d'avaler. Un peu pénible. Un sourire se répandit sur son visage.

— Et maintenant, on va partir ?

— Avec elle, c'est toujours la même chose, soupira Mlle Baudry. On emporte sa poupée et mademoiselle ne s'en occupe pas. Elle a de quoi la changer pourtant.

— La gare est vilaine, dit Clémentine. Vilaine. Vilaine. (Elle alla s'asseoir tout au bout du banc, à la droite de Stéphane.) Vilaine comme… comme je ne sais pas quoi !

Un silence s'ensuivit, la tante allongea confortablement les jambes. Un long silence de bien-être, comme si l'effet bénéfique du cachet eût gagné toutes choses… Les lèvres entrouvertes, ses paupières s'alourdissant, Mlle Baudry dévisageait le couple assis en face d'elle, dont l'immobilité et la réserve l'avaient tout de suite intriguée.

Auprès de la femme, ballot de fourrure apparemment placide, l'homme paraissait frêle mais piquant comme un chardon. Vrai petit coq à moustache. Qui pouvaient-ils être ? La bonne dame ne voyait pas du tout. Comme elle avait la prétention de connaître son monde, du moins les gens d'un certain âge, c'était irritant. Peut-être qu'ils venaient du nouveau quartier, derrière le couvent ? Des gens de la ville alors, des prétentieux. Sans qu'elle en eût conscience, son visage prit une expression de curiosité froide. Si c'étaient là des citadins, la morgue proverbiale ne tarderait pas à se manifester.

En quoi elle voyait juste. Sous la pression de ce regard, le petit homme pointu se souvint qu'il était Emile Roquette, propriétaire de villa, décoré pour services rendus, époux d'un manteau d'astrakan, et que tout cet ensemble était attendu ce soir par Charles Debucourt, lui aussi propriétaire, décoré, époux, mais d'un trois-quarts vison sauvage. En vérité, il marinait depuis longtemps dans la mauvaise humeur, mais pour sortir de ses gonds, il avait toujours eu besoin de témoins. Il était ainsi fait. Le petit jeune homme qui était entré le premier lui avait paru trop insignifiant, ensuite il avait été distrait par le remue-ménage. Mais à présent que tout est retombé dans l'attente pure et qu'un regard le questionne, il faut qu'il s'affirme.

Il se lève donc, s'approche du guichet, frappe à la vitre avec sa chevalière. Justin ne réagit pas tout de suite. Mis en appétit par le déballage odorant de Mlle Baudry, il est en train de casser la croûte. Lorsqu'il se présente enfin, au troisième tac-tac-tac, c'est la bouche pleine, avec un grognement. Du pétrole sur la colère de Roquette.

— Alors ? fait celui-ci à voix très haute. Jusques à quand la plaisanterie ?

Tout le monde a sursauté, sauf Justin, qui mâchonne.

— C'est incroyable ! Nous attendons depuis plus d'une heure, et vous mangez !

L'évidence même : rien à répondre. Justin ne répond pas.

— Et vous êtes insolent en plus ! Mais attention, mon ami, vous pourriez le regretter. Savez-vous qui je suis ? A qui vous parlez ?

Mlle Baudry tend l'oreille : voilà qui l'intéresse. Mais le petit monsieur noir est décevant. Au lieu de décliner distinctement ses grades et qualités, il revient vers sa compagne.

— Bande d'abrutis !

— Calme-toi, Emile.

— J'ai l'habitude d'être exact.

— Justement. Nos amis…

— Pour une fois que nous prenons le train !

— C'est pour tout le monde, Emile. Il faut attendre.

Précisément, *l'endormi* vient d'achever sa tartine. Il met son képi, se râcle le gosier et, la voix graillonneuse, s'adressant au guichet comme à une grande oreille, publique et anonyme :

— Celui qui veut prendre ma place, il peut.

— On en reparlera, répond Roquette. Dès demain, et pas avec n'importe qui !

— C'est ça ! grogne le guichet. Avec le père Noël !

— Tu l'entends ? Non mais, tu te rends compte ?

Eh oui, de dessous ses fourrures, elle avait bien entendu, Mme Roquette. Et elle se rendait compte, en effet, que si ce subalterne osait de telles insolences, c'est qu'il se sentait fort de la solidarité aujourd'hui toute-puissante des incapables et des médiocres. Contre cela, l'hydre aux mille têtes, son mari ne pouvait évidemment rien. Il était seul, une fois de plus seul, les autres déjà résignés à ne plus partir !

Le petit monsieur se rassit, Justin ôta sa casquette, ce fut de nouveau l'attente silencieuse. Un peu déçue que l'altercation eût tourné court alors qu'elle aurait volontiers pris fait et cause pour le guichet, Mlle Baudry se tourna vers son voisin de banc, dont elle espérait peut-être un signe de connivence. Mais Stéphane avait disparu.

— Il téléphone, dit Clémentine qui avait assis sa poupée à la place du jeune homme.

En effet, il se trouvait dans la cabine, formant un numéro. Il avait toujours le même air un peu gauche. « Sympathique », pensa la vieille dame. D'habitude, elle n'aimait guère les jeunes gens, mais celui-ci avait quelque chose d'ingénu qui lui plaisait.

— Assez traîné ! dit fermement Clémentine en prenant sa poupée.

— Où vas-tu ?

— Mais à la fête, chez Gaston.

— Tu veux vraiment que je me casse les deux jambes ?

A quoi bon insister ? Du moment qu'elle avait avalé un cachet, la tante se trouvait bien partout. Ayant poussé un gros soupir, Clémentine se résigna donc à regarder autour d'elle, toute cette laideur. Les murs grisâtres, les vitres nues, les horaires, ces milliers de chiffres comme des files de fourmis. Les affiches... Du soleil poussiéreux, de la mer bleu pâli.

Tout de même, heureusement qu'elles étaient là, les affiches ! Une surtout, qui disait la Suisse, avec de la neige éternelle, une skieuse à l'avant-plan... Peut-être qu'à force d'attendre, il arriverait un train, et qu'on le prendrait. « Les voyageurs pour la Suisse, en voiture ! » Ce n'est pas pour nous, qu'elle dirait la tante, nous n'avons jamais eu l'intention d'aller en Suisse, mais chez Gaston, à la fête de Noël. Gaston le grainetier ! « Je regrette, Madame, il n'y a plus que ce train-ci. A prendre ou à laisser.

— Mais nous n'avons jamais eu l'intention... — Vite, Madame. Il s'en va ! »... Finalement, peut-être qu'elle voudrait bien, la tante : elle était souvent de bonne humeur après son cachet. On roulerait, on roulerait toute la nuit, un long tunnel, et puis tout à coup, tout au bout, la Suisse !

« Qu'est-ce que tu fais là ? qu'elle criait, la skieuse, en agitant son bâton. Qu'est-ce que tu fais là, Clémentine, dans cette vilaine petite gare ? — J'attends ! — Tu dis ? — J'attends le train ! — Je ne t'entends pas ! — Je dis que j'attends le train pour la Suisse ! »

— J'attends le train, dit Stéphane. Depuis plus d'une heure.

La voix tiède de Sarah sur fond de musique douce. *Blues in the dark.* Elle prenait patience… la nuit était longue… en ville aussi, il y avait du verglas. On sablait.

— Alex est arrivé ?

Pas encore, elle était seule. Et lui ?

— Il y a quelques personnes. On s'observe… Moi, je suis du bon côté, entre une vieille dame sympathique et une petite fille qui s'appelle Clémentine. Mais en face de nous ! Le diptyque de la dignité offusquée… Le diptyque ! Tu ne sais pas ce que c'est ?… Figure-toi un roquet décoré, les paupières lourdes de mépris. Et il se redresse, il jappe. « Vous ne savez pas à qui vous avez affaire ! Voici ma carte ! Alors, votre verglas, il est bientôt fondu ? »

Il entend rire Sarah, et c'est comme s'il l'avait en face de lui. Au fond, tant qu'Alex n'était pas arrivé, l'aventure restait plutôt drôle.

— Moi, j'avais envie de…

Après trois minutes, un déclic vous coupe la parole. On ne saura jamais ce dont il avait eu envie.

Stéphane revint au banc, où la poupée de Clémentine lui fit une petite place. C'était une belle poupée classique, avec de longs cheveux frisés, des joues rebondies, une expression d'intense dépaysement.

— Elle s'appelle Clémentine, dit Clémentine.

Le genre de phrase qui flotte dans les rêves. Le gros sac de la vieille dame dévidait son chapelet de parfums comestibles. Les Roquette avaient le regard fixe, mais celui de la femme, qui avait ôté ses lunettes, était voilé d'une sorte de douceur, de sympathie.

Ce n'était pas la petite fille qu'elle dévisageait ainsi, mais l'autre Clémentine, la poupée.

— Tu as déjà été en Suisse, toi ?

— Oui, répondit Stéphane, il y a deux ans.

— Tu t'es promené dans la neige ?

— Pas dans la neige.

— Où alors ?

— C'était l'été. Il faisait très chaud. Il y avait des fleurs partout dans la montagne.

— Tu n'as pas été en Suisse. En Suisse, la neige est éternelle. Tu sais ce que ça veut dire : éternelle ?

Il y eut, du côté de la tante, à la fois un gros soupir et un drôle de petit rire de gorge, assez déplaisant. Stéphane tourna la tête. Le chapeau rabattu sur les yeux, la bouche ouverte, la vieille dame dormait. Et le rire, c'était un ronflement, timide encore, mais qui prenait de l'assurance.

— Elle en a pour une heure, dit Clémentine d'un ton très averti. Le cachet.

Il fut de plus en plus tard. Mlle Baudry dormait toujours, Stéphane et Clémentine échangeaient quelques phrases coupées de longs silences. Du côté de Justin, l'humeur était à la résignation.

Seul, M. Roquette avait eu une initiative. Il avait téléphoné, puis, sans égard pour la bonne dame endormie, il avait annoncé à voix très haute qu'il retournait chez lui pour chercher une voiture. Précisant que c'était « pour le principe », il avait exigé le remboursement de ses billets. Après quoi, le couple était sorti crânement, sans saluer personne. Au bout d'un moment, comme ils ne revenaient pas, Stéphane s'était mis à distiller de l'amertume. Il les voyait traversant la place sans difficulté, découvrant un taxi, filant vers la ville, — et lui, pendant ce temps-là, ridicule sur ce banc ! Il se demanda ce que son père eût fait dans une telle situation. La réponse ne faisait aucun doute : comme le monsieur noir, mais bien avant lui, il eût trouvé le moyen de s'évader.

Il en était là de ses réflexions quand la porte s'ouvrit. C'était le couple. Il avait dû se passer quelque chose, du vilain. Le chapeau du petit homme s'en trouvait cabossé, son parapluie tordu, lui-même boitillant. En revanche, l'épouse paraissait intacte. Ils regagnèrent leur place comme ils l'avaient quittée, sans bonjour ni bonsoir. Ayant considéré pensivement son couvre-chef, Roquette ferma les yeux, comme s'il souffrait beaucoup.

Stéphane l'épluchait avec un fin sourire.

Quand Edgard — il faut prononcer Dgâr — leva le volet du garage, il était tellement anxieux de partir au plus vite qu'il fit semblant de ne pas voir le pavé luisant. Il lança vigoureusement le moteur, enclencha la vitesse, et la voiture bondit à l'assaut de la pente. Elle n'alla pas très loin. Tandis qu'Edgard enfonçait rageusement l'accélérateur, la vieille 2 CV se mit en travers et, telle quelle, redescendit.

Un choc l'arrêta net. Edgard jura, sortit de la voiture, en fit le tour et constata que c'était bien l'essoreuse qui avait trinqué. Pour deux mille balles au moins ! Alors, pendant plus d'une minute, il gueula toute sa kyrielle blasphématoire, avec des grands coups de pied dans les pneus. Cela fait, laissant tout là, le garage ouvert et les lampes allumées, il remonta dans la maison. Le plus râlant, comme toujours, c'était qu'Irène l'avait mis en garde.

Irène — nous savons qu'on l'appelle Reine — eut le triomphe laconique. Edgard ne perdait rien pour attendre, mais dans l'immédiat, il fallait penser à Gamin, à sa musique, sa carrière compromise. Lui et son copain, douze et quatorze ans, accordéon et batterie, on les avait engagés pour la nuit dans un café des faubourgs. Leur premier contrat, grâce à M. Luppens, le socialiste.

Comme chaque fois qu'il fallait prendre une décision à chaud, ils se mirent à crier ensemble, puis l'un après l'autre, puis de nouveau ensemble, à qui gueulerait le plus fort, et il était question pêle-mêle de l'essoreuse, du pare-chocs, de M. Luppens, du contrat, de l'accordéon, et de tout cela converti en chiffres précis, point arrondis du tout, vertigineusement soustraits, additionnés, multipliés, si bien qu'on eût dit une vente aux enchères, sauf que, serré de près, Edgard lâchait de temps en temps une puissante bordée de jurons que suivait un bref silence hébété. Quant à Gamin, sagement assis sur une chaise, son bel accordéon sur les genoux, il attendait avec confiance la décision. On ne beugle jamais en vain la litanie des chiffres. D'autre part, à ce stade-ci, il fallait se méfier : le calcul et les baffes vont bien ensemble.

Ils se calmaient d'ailleurs, à bout de souffle, et tout naturellement, la solution faisait d'elle-même surface. Le train, puis l'autobus. Une fois de plus — toujours le don des chiffres — Edgard put démontrer qu'il connaissait par cœur tous les horaires.

Comme on n'avait que le temps d'avoir le semi-direct de vingt-deux heures vingt-quatre, on se remit à chahuter, mais plus cordialement. Enfin, Reine en tête, Edgard portant l'accordéon, ils furent sur la route. Il n'y avait personne en vue, mais comme ils avaient passé des socquettes par-dessus leurs chaussures, ils se persuadèrent qu'ils avançaient mieux que les autres, ceux qui demeuraient invisibles, et cette conviction les remplit tous les trois de bonne humeur et de fierté.

Cependant, juste avant la lisière du bois d'où l'on domine les voies du chemin de fer, Edgard poussa un fort juron. Il avait laissé le garage ouvert, les lampes allumées, la 2 CV dans l'essoreuse. On s'arrêta, consterné. De nouveaux frais, de nouveaux chiffres, c'était trop de malchance ! Il fut question de rebrousser chemin, de sacrifier le contrat, de s'avouer vaincu, de se mettre au lit. Et puis de continuer tout de même. A cause du grand sapin, là-bas, rutilant dans la nuit. C'était comme un appel, une espèce de signe.

Comme ils débouchaient du tunnel, ils aperçurent deux silhouettes devant l'entrée de la gare. Tout ragaillardis à la vue de ces voyageurs — il s'agissait des Roquette rentrant de leur évasion manquée — ils pressèrent le pas, et Reine fit irruption dans la salle d'attente juste après que le couple se fut tristement rassis. L'œil sur l'horloge — plus que deux minutes ! — elle se précipita vers le guichet. L'inexplicable nonchalance de Justin la surprit.

— Alors, Justin, tu te déranges ou quoi ?

— Y a pas de train.

— Qu'est-ce que tu racontes ?

— Y a pas de train.

Il montrait la salle :

—Tout ce qu'on peut t'offrir, ma Reine, c'est de la compagnie !

Alors seulement, elle prit conscience de l'espèce de lourdeur, d'accablement, qui l'entourait. Edgard, lui, était arrêté devant la vieille dame endormie comme devant une figure de rébus.

Ils se serrèrent tous les trois sur ce qu'il restait de banquette, pensant aux lampes allumées, au contrat perdu, à la 2 CV dans l'essoreuse. Tant d'émotions, de cris, pour rien ! Edgard n'avait même plus envie de se foutre en rogne. Contre qui, je vous le demande, contre quoi ? Fatalité, fatalité ! C'est alors que, levant un œil, il aperçut le parapluie tordu, le chapeau cabossé, l'amère expression de la moustache. Môsieu d'Artagnan ! Au même instant, Reine reconnaissait, elle aussi, le personnage. Ils se penchèrent l'un vers l'autre, eurent le même sourire, puis, à quatre zyeux, se mirent à déchiffrer Roquette.

On l'appelait d'Artagnan. Toujours sur son trente et un, ne parlant à personne. Un directeur de quelque chose, à la retraite. Autour de sa propriété, quand les gamins criaient « d'Artagnan ! d'Artagnan ! », ce n'était pas le chien qu'on voyait surgir, mais le petit monsieur, comme en rupture de laisse, des aboiements plein la bouche.

Et maintenant, il se trouve là, plus déconfit qu'un autre. Pour se remonter le moral, il suffit de le regarder, de le siroter des yeux. Tout le monde a la permission.

Peu après onze heures et demie, un espoir passa, un long espoir en forme de train de marchandises. Pour n'en rien perdre, ils s'alignèrent derrière les vitres, y compris la vieille dame que le bruit avait réveillée. C'était un convoi d'une lenteur fantomatique. Edgard dénombra quarante-deux wagons, Reine, quarante-cinq, et Justin, remettant sa casquette, déclara les voies officieusement libres.

Lorsque chacun reprit sa place, il y avait encore, dans les oreilles, le bruit du train qui défilait.

Clémentine est bien mignonne avec sa poupée sur les genoux, et Freddy bien sérieux avec son nœud d'artiste. Entre eux, il y a la place vide de Stéphane qui est allé se joindre aux autres, derrière la vitre, pour regarder passer les wagons. Freddy, lui, n'a pas bougé, car le poids de l'accordéon l'immobilise. Quant à Clémentine, les trains ne l'intéressent plus. Elle a trop envie de savoir ce que son voisin tient sur ses genoux de si volumineux, de si précieux, de si fragile, apparemment. Quel jouet magnifique, quelle énorme surprise de Noël ?

On entend le train qui se traîne, n'en finit pas de bringuebaler… Elle se tourne vers Freddy avec un beau sourire. Mais le virtuose ne bronche pas. Il rougit seulement, tout raide.

— C'est ton jouet ? demande Clémentine.

Il la dévisage.

Elle se rapproche, pose la main sur l'accordéon.

— Pas toucher ! dit Freddy.

Elle retire vivement la main.

— C'est ton jouet ?

— Mon accordéon, énonce l'autre, péremptoire. Et curieux de l'effet produit, il se hausse derrière son instrument, le cou tendu.

Clémentine a les yeux ronds, comme sa poupée qui lui ressemble. Freddy n'aime pas les filles, mais les poupées, oui. C'est sa faiblesse. Dans sa chambre, il en a quatre, qu'il lui arrive encore de dorloter.

— Tu le montres ?

— Pas maintenant.

Edgard se laisse tomber sur le banc ; Stéphane se pose à l'autre bout ; Clémentine, au milieu, un peu plus près du bel accordéon. On écoute le bruit du train s'éloigner lentement, très lentement, comme une promesse à la dérive… Puis, tout à coup, on ne sait pourquoi, voilà le gros sac qui se met à sentir la brioche, de plus en plus fort, et dans l'estomac de Gamin, il y a un trou qui se creuse, s'élargit, bâille, — juste pour une brioche.

« J'ai faim » , pense-t-il.

Il l'a pensé tout bas, un murmure inaudible ; mais, grâce à Dieu, le sac a l'ouïe fine.

— Vous avez faim ? demande la vieille dame.

« Vous », c'est Clémentine et Freddy, serrés maintenant l'un contre l'autre, comme frère et sœur. La fillette répond pour deux, poliment :

— Oui, ma tante, pour la brioche.

Mlle Baudry plonge dans le sac, déballe. Jésus Marie, que ça sent bon ! Mais Freddy n'a pas les mains libres.

— Si tu déposais ton paquet ?

— C'est mon accordéon !

Reine intervint :

— Il devait jouer ce soir. Il fait partie d'un orchestre. « Les petits pingouins », vous connaissez ? En anglais, *The little* je ne sais pas comment.

Non, Mlle Baudry ne connaît pas. Elle a une brioche dans chaque main. A cause de celle de droite, fraîche et pimpante sous son nez, Freddy louche un peu.

— Dix-huit mille balles ! s'exclame Reine.

— Dix-huit mille six cents ! corrige Edgard.

— Une occasion !

— Tout neuf ! Quarante-six touches ! Chromatiques ! — On lui donnait cent francs par heure.

— De dix à quatre. Calculez : six cents.

— Sans les pourboires !

— Mille francs de perdus, allez !

— Et le reste ? Le pare-chocs !

— L'essoreuse !

Mlle Baudry comprend mal, mais compatit fort bien. Cette explosion de chiffres ! Elle a l'air impressionnée. Elle regarde le petit Freddy qui regarde la brioche. Sa figure ronde, ses cheveux plaqués raide, son nœud papillon, — tous les chiffres que cela représente !

— Montre-lui ! ordonne brusquement Edgard d'un ton farouche.

Qu'on ne s'y trompe pas : c'est sa manière à lui d'être aimable. Il trouve la vieille sympathique.

De sa housse grise, il va sortir, il sort, il est sorti, le bel accordéon ! Rutilant. Panneaux chromés, mille reflets, émeraudes et rubis, un vrai bijou de Babylone ! Plus riche qu'un sapin de Noël. « Ce qu'il est beau ! » exhale Clémentine. Elle voudrait toucher, et pas seulement des yeux, mais toucher vraiment, les quarante-six touches une à une…

Pour couper court, Edgard prend l'instrument. Il pose une

colle.

— Vous savez combien ça pèse ?

— Sept kilos, répond Freddy, soulagé.

Les mains libres et la bouche pleine, il est heureux. Clémentine, elle, grignote machinalement. Quant à Mlle Baudry, elle puise dans le sac : il y en aura pour tout le monde. « Merci bien », dit Reine. Edgard secoue la tête : il n'a pas faim. Il fait soupirer l'accordéon, il veut qu'on se rende compte de sa puissance. La sirène d'usine puis la corne de brume… Hein, si ça s'entend !

— Tu sais jouer ? lance Justin de derrière son guichet.

A lui aussi, ses yeux brillent.

— Un peu. Mais le gamin, tout ce que tu veux. Des valses, des tangos, des slows…

— Et puis sa marche, intervient Reine. Sa marche !

— Moi aussi, dit Justin, j'ai su.

— Moi aussi, dit Edgard.

— Quand il est rond ! fait Reine en éclatant de rire.

C'est une idée, ça ! Elles sont sèches, les brioches, bonnes mais sèches. On les humecterait volontiers. Surtout Edgard. Un boit-sans-soif, et sans brioches. C'est Reine qui l'annonce, et lui confirme, modeste mais objectif. L'autre jour, à la Saint-Eloi, il était parti en voiture, il est revenu à bicyclette. Justin rigole. L'autre dimanche, lui…

Alors la vieille dame vraiment sympathique :

— Si vous permettez…

Et la voilà qui replonge dans le cellier. La liqueur !

« Vous, on peut dire que… — Ah oui, on peut dire que… » Elle a tout prévu, la mémé, tout, même le tire-bouchon, même le gobelet !

— Y a pas de refus.

— Y a pas de refus.

— A vot' santé !

— A la vôtre !

— Pas pour les enfants !

— C'est du bon. Par où ça passe, c'est du bon.

— Ou alors un doigt, juste un petit doigt !

— Et vous, Monsieur ?... Madame peut-être ?

Naturellement, d'Artagnan refuse. Mourra dans sa raideur, celui-là ! Encore qu'il ait un petit sourire pour dire non, quelque chose de timide, d'assez inattendu. Comme s'il était gêné. C'est ça : comme s'il avait envie, mais n'osait.

— Faut pas vous gêner, lui dit Edgard en prenant la bouteille des mains de la vieille dame. C'est plus ce soir que vous devrez conduire.

— Tu n'as pas honte ? fait Reine.

— De quoi ?

— Le généreux avec le bien des autres !

— C'est Noël, dit gentiment Mlle Baudry.

Deux petits verres, il n'en faut pas plus, et Dgâr n'est plus Edgard. Il devient rouge, ses yeux s'allument, sa casquette penche. Il a envie de rire et il rit. De chanter et il chante. D'être riche, et le voilà riche ! Tout cela, Reine l'explique profusément à la vieille demoiselle, qui hoche la tête, et tandis que l'une se transforme en femme du monde, façon télé, se pomponnant d'exclamations, l'autre se mue en confidente de canapé, un peu dure d'oreille mais attentive comme on savait l'être autrefois. « Votre homme, il est pareil ? » suppose Reine. Mlle Baudry se trouble. « Je vois, faut pas me le dire. En entrant, j'ai pensé : une veuve. Il paraît qu'on va vous augmenter la pension ? — Je suis demoiselle, dit la demoiselle, pudiquement. — Ah bon ! » et, à tout hasard, Reine observe une minute de silence.

Edgard est debout, la bouteille à la main, et les enfants se marrent en douce. Freddy surtout. Le père prend son envol, on va voir du spectacle. Déjà, dans l'air, il y a de la fraternité.

A travers le guichet, Justin tend son gobelet, sa vieille timbale à bosses. Comme ça, sans un mot, tout rigolant d'avance. Naturellement, Edgard enregistre aussitôt. « Et hop ! qu'il fait, c'est ma tournée ! »

— Tu n'as pas honte ! gémit Reine sans conviction.

— Fameux, dit Justin, le pouce en l'air.

— Quand on se connaîtra mieux, dit Reine à la vieille dame, je vous raconterai comment il a fait pour m'avoir, ce feignant-là.

Elle s'interrompt. Devant Mlle Baudry, il y a l'autre, d'Artagnan, qui est venu se planter, les épaules basses, toujours avec son même sourire un peu timide. Et Edgard à côté, plus grand d'une demi-tête.

— Je vous prie de m'excuser, dit Roquette, mais j'ai une de ces migraines… L'attente, vous comprenez, l'énervement. N'auriez-vous pas un cachet de trop ?

Si modeste tout à coup, presque sympathique. On a fait silence pour écouter sa requête. Mais elle n'est pas terminée que la bonne dame est dans son sac.

— C'est tellement désagréable, dit-il en se prenant le front d'un geste féminin.

— La tête, fait Edgard, ça, c'est le foie.

Et pour montrer qu'il compatit, il remet sa casquette bien droite et décente.

— Je vous remercie, dit le petit monsieur, qui retourne auprès de sa femme. Il pose le cachet sur sa langue, déglutit gravement, ferme les yeux.

— N'est pas costaud, constate Edgard, l'air pénétré.

Il y a un nouveau silence, on regarde l'horloge. Il est presque minuit. On repense au train qui est passé, à l'autre, celui qu'on attend, et puis encore, mais plus vaguement, à la nuit de Noël telle qu'elle aurait dû être, si différente pour chacun.

— Vos pilules, c'est pour quoi ? demande Justin, penché dans le guichet.

— Mes cachets ?

— Oui.

— Pour tout, répond la vieille dame. La migraine, la grippe, le mal aux dents… tout !

— Moi, j'ai du lumbago.

— C'est de la migraine, mais dans le dos ! explique Reine.

— Vous devriez essayer.

— Ne vous dérangez pas ! dit Justin.

Il ouvre la petite porte sur le côté, il est dans la salle d'attente. Avec les voyageurs. On ne sait trop pourquoi, il adresse un clin d'œil à Edgard, puis, comme s'il s'agissait de pralines, il choisit dans la boîte que tend Mlle Baudry. « Merci. Merci beaucoup. » Il tire son mouchoir, lui confie la pastille précieuse et, fourrant le tout en poche, dit : « Je me la garde pour tantôt ». Après quoi, mine de rien, il va saluer l'accordéon. A croire que c'est pour cela seulement qu'il est sorti.

— Il y a longtemps que je n'en ai plus joué.

— Si tu as envie..., fait Edgard, magnanime.

Vu, compris, pas besoin de répéter. Il passe les bretelles, incline tendrement la tête. En même temps, pour la vieille dame, il fait comme une grimace.

— Va y avoir des fausses notes, dit-il. A cause de mon lumbago.

C'est le coin aux bibelots. Pas tous charmants, loin de là. Il en est d'affreux, lourds et dorés, offusquant la pénombre.

— Oui, c'est moi.

Elle a décroché tout de suite. Comme elle déplie la jambe, le livre glisse sur le tapis.

Il est toujours dans sa petite gare, il a vu passer un train de marchandises, interminable, et puis plus rien depuis une heure.

— Retourne chez toi, dit-elle. Personne n'y peut rien.

Mais il ne veut pas renoncer, il espère encore. Et elle ?

— Je t'attends.

Lui, ce qu'il attend, ce sont des précisions. Une seule en vérité, mais capitale : l'attend-elle avec ou sans Alex ? Il hésite devant la question — qui démange d'autant plus qu'elle semble décidément indiscrète —, il tourne autour, et elle, au lieu de l'aider, fait comme un demi-sourire.

— Que veux-tu que je te dise ? On t'attendait.

On ? D'où elle est assise, « on » voit la table dressée à l'autre bout de la pièce. Deux couverts en tête à tête rapproché.

— Et Alex, lâche enfin Stéphane, il est arrivé ?

— Que dis-tu ?

Elle a fort bien compris la question. Un peu par jeu, pour taquiner, elle veut qu'il la répète, mais surtout parce qu'elle croit entendre, est sûre d'entendre, derrière Stéphane, un air d'accordéon.

— Je te demande si Alex…

— Il y a de la musique chez toi ?

Il ne répond pas. De la musique dans une gare ! Une valse !

— Ne mens pas ! J'entends une valse.

— C'est l'employé, avoue Stéphane le plus bêtement du monde. C'est l'employé qui joue de l'accordéon.

— Dans une gare, à minuit ! On danse probablement ?

— Non, dit Stéphane. On écoute.

Il la prend pour une imbécile, ou quoi ? Une gare où l'on valse à minuit ! Quel cynisme ! Quel aplomb !

Sarah inspire profondément, s'appuie contre le dos du fauteuil, renverse la tête. Les yeux au plafond, tout à fait détendue.

— En tout cas, dit-elle, tu ne dois pas te tracasser pour Alex. Il est bien arrivé.

— Ah bon, fait Stéphane. Il est arrivé.

— Il est même très en verve !

Elle rit, comme au théâtre. Elle aurait bien aimé terminer sur une vacherie, quelque chose comme « Bonne java, Stéphane ! » mais le déclic des trois minutes a coupé net son rire.

— Et vous, Monsieur Roquette ?

— Volontiers, dit le petit homme en noir.

Qu'il se dégèle enfin, cela fait plaisir à Edgard. Personnellement plaisir. Il emplit le gobelet à ras bord afin qu'il soit à l'image de son cœur.

— Il ne faudrait pas croire que je n'aime pas un bon verre, explique consciencieusement Roquette. Seulement, quand on a la migraine, vous comprenez…

« C'est curieux, pense Edgard, ce besoin qu'ils ont de faire des phrases. Qu'il boive d'abord ! »

Il boit.

— Un petit rabiot ?

— Pas pour l'instant... Excellent votre pineau, jeune homme !

Eh oui, à présent c'est le pineau du père de Stéphane qu'on offre de la part de Stéphane. Il a eu cette générosité après le coup de téléphone. Justin jouait la valse, Reine chantonnait en se dandinant, Alex était en verve et Sarah dans ses bras. A pleurer !

— Ça ne va pas ? avait demandé Reine. T'as l'air tout chose.

— J'ai manqué mon rendez-vous.

— Ta bonne amie ?

Ni oui ni non. Pourtant Reine avait conclu : — C'est moche. Surtout pour Noël. Elle s'appelle comment ?

— Sarah.

Nom trop étrange pour être commenté, prénom abstrait. Elle s'était remise à se balancer, mais plus discrètement. Justin ne jouait pas trop mal la valse aux trente-six couplets, et elle avait envie de danser, la Reine, et ça se communiquait, ça picotait les épidermes. Même qu'on voyait le pied de Roquette, la fine pointe du box-calf, marquer la mesure à contretemps...

Tout à coup, Stéphane avait dit, la voix mal perchée :

— Si j'avais un tire-bouchon...

Et il leur avait offert le pineau, les deux bouteilles d'un seul geste.

Maintenant, c'était Freddy qui jouait des quarante-six touches. Et Clémentine le regardait, et Justin tourniquait avec Reine, et Edgard expliquait à Roquette l'accouplement contre nature du pare-chocs et de l'essoreuse. Mais la zizique et le pineau rendaient l'histoire confuse, pas vraisemblable.

— Une occasion comme ça ! Tout l'intérieur remis à neuf, vous comprenez ? Alors maintenant... Plus que de la tôle, de la ferraille.

— Il ne faut pas vous en faire, répétait Roquette. Moi, mon parapluie, il était neuf aussi.

— Ça se compare pas. Dans l'essoreuse, il y a un moteur.

Tandis que votre parapluie, il suffit de le redresser.

— C'est vite dit.

— Tu vas voir !

— Hé ! faites attention !

— Attention ! toujours attention ! Donne-le-moi, je te dis. Il sera plus droit qu'avant !

Il a pris l'objet, il le palpe, l'ausculte. Bon, c'est tout vu. Une pression, comme ça, en douceur, sur le genou… C'est déjà mieux ! Mais elle devrait être un peu plus forte, la pression, plus persuasive, plus brusque… Crac ! Deux morceaux. La camelote ! Edgard, tout bête, avec les deux morceaux, la poignée et le reste, un dans chaque main. Tout bête, car d'Artagnan s'est mis à rire. A rire !

Le petit Freddy joue toujours. Il n'a rien vu, personne n'a rien vu. Toute la surprise est pour Edgard, rien que pour lui, qui se penche sur le rire de l'autre, comme un grand jardinier myope, mal d'aplomb entre la cause et l'insolite effet.

Alors on commença de voir des choses assez étonnantes, comme de brusques velléités d'apesanteur en vase clos.

— Par ici la petite sortie ! avait proclamé Justin en ouvrant la porte qui donne accès au quai. Et toutes ces dames après lui, dociles pensionnaires en route vers la pissette chaste.

Restés seuls, les messieurs se concertèrent du regard et prirent un air de gravité.

— Je m'en vais vous dire une bonne chose, annonça Roquette qui, vacillant un peu, s'adressait au carrelage autant qu'à ses compagnons. Savez-vous bien qui de nous trois est le plus à plaindre ?

Pas de réponse, bien sûr, chacun pensant que c'était lui.

— C'est moi ! lança le petit homme avec une force considérable.

— Tu oublies l'essoreuse.

— Rien du tout ! Le plus à plaindre, c'est moi chez les Debucourt. Premier plat, la petite sonnette, deuxième plat, ding ding, et rien à se dire, pas d'appétit, juste des politesses. Et par en dessous, des vacheries, des coups… des coups dans les tibias !

— Pourquoi t'en faire, patron ? Justement, ce soir, tu n'y es pas !

— Erreur, j'y suis ! Ça vous épate, hein ? A m'emmerder, j'y suis toujours ! Je ne peux plus faire autrement. Une maladie, là, dans ma tête !

— Pourtant vous pouvez être marrant, dit poliment Edgard.

Là-dessus, les dames revinrent. Elles étaient tout animées par le froid, par la complicité, et Reine voulait danser.

— Moi, en tout cas, je vous croyais moins marrant, précisa Edgard d'un air un peu contraint.

— Vous dites ça !

— Je le pense.

— Mais non ! La preuve : vous me dites *vous*.

— Pardon ! C'est vous qui…

— Allons, allons ! fit Roquette avec la bienveillance désabusée des grands sceptiques. La vérité c'est que vous ne voulez pas savoir que je m'appelle Emile, comme vous ! La lutte des classes !

Et tandis que, visiblement impressionné par la réplique, Edgard répétait :

— Mais je ne m'appelle pas Emile !

Il tourna le dos, pudique et désenchanté, préférant encore le monologue au malentendu :

— Ils ne voient plus que ça : la lutte des classes ! Alors que moi… moi…

— Mais je ne m'appelle pas Emile !

— Moi, je m'en fous ! J'en ai ras le bol, moi, de la lutte des classes ! Ils ont des œillères… et ils ne connaissent même pas le mot !

Un peu plus tard — on ne doit plus attendre d'heure précise d'une gare qui s'oublie à ce point —, Reine et Mme Roquette sont assises côte à côte sur le banc, mais tournées l'une vers l'autre, se faisant face, comme deux gamines qui joueraient « sans rire et sans parler », et l'une, on l'a vue enlever son collier, trois rangs de perles, pour que l'autre puisse le voir de près, le palper, et celle-ci faisant de même, son joyau de strass, après quoi, plus incroyable encore ! on a vu l'une disposer les perles autour de son cou et l'autre le strass sur sa belle robe à fleurs, d'un même mouvement toutes les deux, comme rituel, et se dévisager ensuite, souriantes et sérieuses, chacune regardant sa parure sur la poitrine de l'autre, et la Reine devenue Roquette n'en revenait pas d'avoir tout ce luxe sur elle, et la Roquette devenue Reine moins encore, eût-on dit, ce clinquant de fille des rues sur sa vieille peau.

— Qu'est-ce que vous faites ? a demandé Edgard.

— Un échange.

— Pour toujours ?

On n'a pas entendu la réponse. Freddy venait de commencer sa marche, sa fameuse marche qui devait durer longtemps. Si longtemps qu'on s'en souviendra toujours — oui, *pour toujours !* — de cette marche, là dans ma tête, qui ne veut plus finir…

— Viens ! qu'elle dit Reine et elle prend Stéphane par la main. Avec les trois rangs de perles, elle est toute changée. Ils se mettent à marcher. C'est qu'il faut marcher quand Freddy joue sa marche. L'un derrière l'autre, le bras tendu, main à l'épaule, poing sur la hanche, en zigzag ou en rond, de dos, de face ou de profil, peu importe comment, faut que ça défile quand Freddy joue sa marche. Et d'abord Justin, son képi sur la tête et la main au képi : salut, mon Général ! puis Mlle Baudry, toute ronde, comme portée par des anges, puis Reine, Stéphane, Mme Roquette, une deux ! une deux ! et Roquette lui-même, un peu clopin-clopant avec son parapluie brisé, sa dignité meurtrie, son âme courbaturée, une deux et trois, une deux et trois… Edgard enfin, fermant la drôlatique parenthèse, la prolongeant plutôt en un second cortège, déployant à lui tout seul, tant il s'agite, tant il est inspiré, l'ornementale et dérisoire queue des figurines clinquantes, découpées à l'emporte-pièce dans le tout venant social, boiteux et contre-boiteux, canassons de cérémonie, pingouins ministériels, pangolins d'académie, Obersturmführer en veston, chères Présidentes, Pères-aux-cieux, experts en mendicité, influents indulgents, congratuleurs congratulés, considérés considérables, mannequins maquillés, maquignons charitables, charlatans mémorables, augustes qui savent que nous ne savons pas, tous, vous y étiez tous, ô foutriquets de longue date, secs et morts avant que nés, tous à gambiller là derrière par la grâce mimétique d'Edgard le magicien. On vous aurait crus vivants pour une fois ! Et Clémentine, elle rigolait ma Clémentine, elle s'instruisait en rigolant à pleines mirettes, tandis que Freddy continuait à la jouer, notre fameuse marche, parce qu'il y croyait, l'imperturbable petit bonhomme, plus dur que fer à sa zizique !

— Cette crapule d'Alex !

Stéphane s'arrêta net, laissant partir la Reine. Les marcheurs dans son dos piétinaient.

— Bonjour Alex ! lançait Justin, ainsi qu'un large coup de casquette.

C'était un chien. Noir et blanc, avec une patte bandée, un bâtard d'estaminet, tout émoustillé par l'espoir de se commettre. Lui aussi, le boiteux, il avait envie de danser comme n'importe quel valide, mais pas seulement sur la musique, sur les parfums aussi, les très confidentiels, ceux de l'accordéon par exemple, des culottes de l'accordéon, et Freddy remuait des jambes, n'admettant point la privauté, s'agitait des pieds, toutes coquetteries bien propres à décupler les désirs d'une truffe archiviste, avide de recueillir sur place, à la source même, l'odeur à conviction. Lequel manège, bien entendu, faisait tressauter la musique et, conséquemment, les marcheurs.

Alors, soudain, Clémentine fut debout sur le banc. Toute rose qu'elle était, les yeux brillants, les poings serrés. Une vraie petite *Marseillaise* ! Elle voulait dire quelque chose, c'était clair, pousser la chansonnette peut-être, ou réciter un compliment ; mais Freddy continuait à moudre vaillamment des notes, asticoté par le clébard.

— Cesse de jouer, Freddy !

La voix était si claire, si impérieuse, qu'il obéit, interrompant la ronde. Il regardaient tous Clémentine. Elle était marrante, dressée comme une institutrice sur une estrade.

— A minuit, je veux qu'on s'embrasse !

Et elle sauta du banc, légère mais grave. Ils pouvaient bien rire, les autres, et sous prétexte qu'ils savaient lire l'heure, crier que minuit était très largement passé, elle tenait à sa bonne idée, la Clémentine. On le vit bien lorsque, prenant Freddy aux épaules, elle lui posa la bise sur chaque joue, et ce n'était pas facile, on peut me croire, à cause de l'accordéon entre eux, et parce que, n'en voulant pas, décidément, de toutes ces renifleries, il se cambrait, le jeune homme, se raidissait, rouge à s'en faire péter les pommettes. Pourtant, il rendit le bécot, les yeux fermés, à la sauvette, puis un deuxième, car on applaudissait, puis un troisième, bien sonore, car on applaudissait de plus belle.

— A nous maintenant ! cria Edgard. On entendit cependant qu'il ajoutait : « Vous permettez ? » C'est qu'il avait devant lui Mme Roquette, l'ample poitrine de Mme Roquette avec ses vasques, son jet d'eau, ses blancs pigeons, son entrée de service, ses parasols à franges. Elle permit toutefois, à l'exemple de Freddy, qui recommençait à jouer sa marche, et même elle les rendait, avec un peu de rallonge, les gros baisers d'Edgard. Ainsi, chacun fit docilement ce que Clémentine avait ordonné, chacun à sa manière. Reine pressa Roquette contre son cœur en fleurs, Justin eut l'air d'inaugurer Mlle Baudry, Stéphane… Il souriait au chien quand il sentit qu'on lui touchait le bras et vit la petite fille qui lui offrait sa joue.

Quel moment ! Quel arbre de Noël splendidement constellé de menues inconvenances, de terrestres miracles ! Edgard tapant sur l'épaule de Roquette, et Roquette riant avec Reine, et le collier de Reine au cou de la rentière, et la rentière au bras du beau Justin valseur, et le chien qui caresse Stéphane qui embrasse Clémentine, et Freddy rejouant sa marche, sa fameuse marche, avec un grand sourire d'ange accordéoniste, oui, c'était ça, vraiment ça, l'étable de la Nativité !

Trop beau, trop étrange pour durer. Il survient toujours

quelque chose. Ici, dans la petite gare, ce fut une sonnerie. Une grêle sonnerie se prolongeant. Freddy avait cessé de jouer, la ronde s'immobilisa.

— Le train ! dit Justin.

On le vit se hâter vers le guichet, passer de l'autre côté, prendre le combiné.

— Le train est annoncé !

Ils se regardèrent. Tout de suite, on sentit que la fête était morte.

— Qui veut des billets ? demanda Justin.

Personne. Ils avaient tous renoncé, sauf Stéphane, qui se trouvait servi.

Ils l'accompagnèrent sur le quai, lui serrèrent la main et, quand le train s'ébranla, ils le saluèrent, tous les huit alignés, comme s'il avait été un véritable voyageur partant de nuit pour la neige éternelle.

Ensuite, comme il n'y avait plus de verglas, plus rien à attendre, à espérer, la tante et Clémentine retournèrent chez elles. Les autres hésitaient.

Ils finirent par rentrer dans la salle d'attente, par se rasseoir même, les messieurs d'un côté et les dames de l'autre. Le chien promenait sa truffe aux quatre coins, cherchant à retrouver les odeurs de la fête.

Etrange train, toutes lumières en veilleuse, presque vide. Pourquoi l'avoir pris ? Qu'allait-il faire en ville ? Il était deux heures passées : à la fois trop tard et trop tôt. Il se voyait traversant la place, longeant le boulevard, revenant sur ses pas, poursuivant seul, comme dans un mauvais rêve, la fameuse, interminable marche…

Se tenant par la main, une vieille dame et une petite fille remontent la route. Mais ce n'est pas comme tout à l'heure, quand Clémentine parlait à tort et à travers d'une Suisse où sa tante n'avait jamais été. Maintenant il n'est question que de la fête — comment l'appeler autrement ? — et chacune a son mot à dire, ses souvenirs à ranger, son petit ménage à faire. Comme Edgard du reste, dans la salle d'attente…

— Franchement, avoue-t-il, je sens bien qu'on n'est pas du même monde.

— Ne dites pas ça !

— C'est pourtant vrai. Vous, derrière votre haie ; moi, sur la route, ça c'est normal.

— Et cette nuit ?

— Cette nuit… Ben oui… Vous savez bien, Monsieur Roquette, que…

— Appelez-moi Emile.

— Moi, je veux bien. Mais ça va changer quoi ? On se rencontre si rarement !

Sur le banc d'en face, Mme Roquette dit à Reine :

— Il faudrait qu'on se revoie. Un dimanche peut-être. A la bonne saison, quand les journées sont longues. Vous avez le téléphone ?

Reine répond très poliment — Non, malheureusement, nous n'avons pas le téléphone — car c'est la politesse qui fait tout le prix des choses qu'on dit comme ça, à n'importe qui mais pas n'importe comment, histoire de bien finir.

Et maintenant, il faut que chacune reprenne son collier. L'oublier au dernier moment, ce serait… N'est-ce pas ?

Stéphane dans la gare, se dirigeant vers la sortie. Il y a très peu de monde, des hommes seuls qui traînaillent, indécis. Une sorte de clochard, de rentier délabré, s'empresse de lui ouvrir la porte ; mais il ne le voit pas, et l'autre grogne, la main tendue.

Stéphane longe le trottoir jusqu'à la cabine téléphonique. Il va y entrer, il voudrait bien, pourtant il se ravise. Il reste là, à regarder autour de lui, de longues minutes, comme un voyageur étranger qui se méfierait, chercherait un repère ; puis il revient sur ses pas, — lentement. De place en place, la gare répand une lumière immobile, accusant les reliefs les plus proches. Un taxi le dépasse, écailles orange vif, se range devant l'entrée. Si c'était elle…

Une femme seule.

Sarah de dos, Sarah de profil, Sarah dont le manteau, Sarah dans la lumière, Sarah qui de ses poings, ses menus poings gantés de noir, repousse la porte barrée de cuivre : Sarah qui va prendre le train ! Si, vraiment, c'était elle…

Il la suit des yeux, sa chevelure blonde, lumineuse, puis il pénètre à son tour dans le hall. Elle questionne un employé, se dirige vers l'horaire, le consulte, un doigt glissant sur la vitre. L'air très décidé, impatient même, et tout à coup, comme elle se retourne, surpris.

— Bonjour.

Il s'approche d'elle, qui n'a point répondu, pas un geste. Ses yeux dans les siens. On la devine toute tendue vers ce qu'il va dire.

— Tu pars en voyage ?

— Peut-être.

— Je viens tout juste d'arriver, dit Stéphane.

— Tu allais chez moi ?

— Non. Pas chez toi.

— Où alors ?

Elle le dévisage, il détourne les yeux. Dans sa tête, le refrain de la marche rôde, intempestif.

— A cause d'Alex ?

— Quoi ?

— C'est à cause d'Alex que tu n'allais pas chez moi ?

Vraiment, il est très bien, Stéphane, d'une dignité fort au-dessus de son âge. Personne ne pourrait soupçonner que, comme Freddy par le clébard, il est asticoté par cette absurde marche, la fanfaronne, qui s'est remise à défiler, une deux, une deux, dans ses oreilles.

— Je voulais te faire un cadeau, Stéphane. Un cadeau de Noël.

Elle est venue tout près de lui pour dire ça, les yeux levés vers lui.

— Un livre.

— C'est gentil.

— Je pensais que cela te ferait plaisir.

— Sûrement !

Musset, et dans La Pléiade, ce n'est pas elle qui a eu cette idée, c'est l'autre. « Avec du Musset, tu ne peux pas te tromper. Il plaît aux étudiants. » Ce n'est pas le libraire qui a dit ça : c'est l'autre !

— D'abord j'avais pensé l'offrir à Alex. Seulement…

— Tu as changé d'avis.

— Oui. Et tu veux savoir pourquoi ?

— Je suppose que…

— Non, dit-elle. La vérité, c'est que… Il n'existe pas.

— Qui ?

— Alex évidemment ! Ce que tu es lent à comprendre !

— Pas du tout ! proteste Stéphane. Je… Alors, comme ça, tu l'as inventé ?

— Il fallait bien puisqu'il n'existe pas. Tu me trouves un peu folle, hein ?

— Non, dit Stéphane, non. Seulement, je ne m'y attendais pas.

Ils se regardent, l'un devant l'autre, ne se regardent plus, l'un contre l'autre, et la marche de Freddy, la fameuse marche de Noël, elle se remet en route, elle s'amplifie, elle roule comme un fleuve, elle fait son plein d'orchestre, trompettes et tambours, — elle éclate, alors là franchement, à lézarder les murs de toutes les salles d'attente !

— Je suis surpris, explique Stéphane, mais ça se comprend… Mets-toi à ma place… Avec ce que tu m'avais dit, moi, forcément, je me disais… Bon. Si elle me dit ça, c'est que… forcément… sinon elle ne me le dirait pas… forcément !

Jean Muno

Les yeux comme un Bouddha

Extrait de *444 Ocampo drive, une folle semaine avec Henry Miller,* rencontre/interview, Pascal Vrebos, Le Cri.

Lorsque je commence l'écriture d'une pièce, je déploie de toutes mes forces mes antennes intuitives à l'écoute des êtres et des événements pour capter l'infime, le non-dit, l'envers des regards, l'ailleurs… et ça se précipite, ça provoque des coups de sang, des coups de cœur… Une manière de rentrer en transe comme jadis l'acteur dans le cercle magique pour communiquer avec les dieux. A défaut des dieux, je me contente des autres et de moi-même. Mon voyage vers Patmos m'a mis en appétit : les signes me faisaient signe ! C'est pourquoi, je vous raconte… Avant de m'envoler vers la Grèce, le mari d'une amie (qui lui avait annoncé qu'elle le quittait) vint me voir pour me casser la gueule : rouge vif sous sa moustache noire, la peau tendue par la colère, il me saisit à la gorge en beuglant : « Avoue, salaud, avoue ! » Un collègue du Ministère lui avait révélé que j'entretenais des relations très intimes avec sa femme depuis deux ans. « Je vais te réduire en poussières, te tordre les couilles », rebeuglait-il. Pour rétablir l'équilibre, j'hurlais à mon tour : « Je n'ai jamais touché ta femme ! Enfin, ton ex-femme. Pas même du *petit bout du doigt* ! » Sceptique, il grondait : « Je me vengerai ! Je me vengerai ! » Je le poussai dehors, plus le temps de marivauder, j'allais rater mon avion. De l'aéroport, j'appelai la fameuse amie. Assez gênée, elle m'expliqua qu'elle avait inventé à plusieurs de ses amants que j'étais son « extra » principal pour se ménager une porte de sortie et pour les quitter sur du velours… Un de ses chéris, désespéré, s'était épanché sur l'épaule compréhensive du collègue de bureau cité plus haut. J'étais donc devenu malgré moi son amant phantasmé et fonctionnel qu'elle sortait de sa poche pour dire aux autres « bye bye ! ». Du boulevard machiavélique ! Le plus drôle, le plus cruel aussi pour l'ex-époux, c'est que sa femme avait vibré avec des dizaines d'amants dont il n'avait jamais soupçonné l'existence et que, au moment où il pensait enfin en tenir un à portée de poing, il se diluait en pur phantasme. Dans l'avion, j'imaginais que ce cocu phantasmique m'eût vraiment étranglé : quel procès en perspective ! « Un mari étrangle le seul ami de sa femme qui n'ait pas été son amant ». Acquitté ? Condamné ? Mon imagination s'en pourléchait les méninges. Athènes. Bien vivant, heureusement, je sirote mon premier retsina dans l'étuve. Tout colle, même mon âme. Vivement les îles ! Onze heures du soir : Cos. Les pores dilatés, je pousse ma lourde valise à travers ce petit port en fête. Plus d'hôtels. Plus de rooms. « Complet », m'annonce-t-on avec un large sourire. Reste le lit des étoiles. Epuisé de fatigue, de chaleur, de poussières, les oreilles assourdies par le chant des grillons, j'aurais préféré une douche glacée et un drap blanc. Finalement, je m'écroule à une table dans une *taberna* et je commande *tzadziki,* calamars, salade grecque et retsina. Ne pas dormir, soit, rester l'estomac vide, jamais ! Je dévore donc tel le pèlerin égaré après sa traversée du désert. Je pense à Miller qui, sans le sou à Paris ou à New York, déambulait à la recherche d'un ami généreux qui lui offrirait un solide repas. « Ma vie n'est rien d'autre qu'un gros intestin. Non seulement je pense à la boustifaille tout le jour mais j'en rêve encore la nuit », a-t-il écrit quelque part.

Relevant le nez de mes assiettes, je découvre à la table d'en face une jeune fille qui me sourit.

Elle, moqueuse : « *Oh !You were hungry !* »

Moi, bougon : « Oui, j'avais faim ».

Elle : « Oh ! vous, Français ? »

Moi : « Non, Belge ».

Elle : « Moi, de Londres ».

Moi : « Moi : Bruxelles ».

Elle : « Vous, en vacances à Cos ».

Moi : « Non. Demain à Patmos ».

Après ce dialogue très « nouveau cinéma » où l'essentiel s'exprime sous le langage, j'allume une cigarette : « Plus un seul lit... Voilà mon oreiller... », dis-je grognon, en désignant ma valise.

La jeune fille prit un air désolé : « Sur votre valise ? C'est pas confortable... » Je souris en haussant les épaules comme si j'en avais vécu d'autres...

— Venez avec moi dans le lit. J'ai une *room* à l'hôtel Kalymnos.

— Ce serait sympathique, fis-je assez sceptique.

Elle vint s'asseoir à ma table : « *Don't be afraid* : j'ai dix-neuf ans, je vais rejoindre ma famille à Samos ».

— J'accepte. J'accepte... mais avant vous boirez bien un *métaxa* pour fêter la fin de ma nuit blanche.

— Oui, oui... et je vous l'offre !

Pas de doutes : c'était la fée de Cos. Enfin détendu et sirotant un *métaxa,* je regardais du coin de l'œil cette jeune Anglaise, mon nouveau Saint-Bernard : cheveux châtains courts, les lèvres fines, elle ouvrait de grands yeux rieurs et rejetait la fumée de ses Lucky Strike par le nez ; après un long silence, elle lâcha : « Je dois vous dire quelque chôôôse ».

Je m'attendais à une confession-maison, à un discours paranoïaque — ou bien, plus prosaïquement, elle avait décidé de me faire partager le prix de la chambre.

— Allez-y, fis-je, philosophe.

— Eh ! bien, vous ne me plaisez pas du tout, chantonna-t-elle dans son franglais, vous n'êtes pas mon homme physique. Vous êtes trop large, puis pas assez de cheveux... je préfère les plus jeunes... ou les plus vieux...

— Je suis désolé, répondis-je d'une voix moqueuse qui masquait mon étonnement. Ce n'est rien : je dormirai sur la plage...

— *No ! No !* reprit-elle avec son large sourire. *You don't understand.* Si je voûûs ai invité, c'est que j'ai terrifiquement envie de faire l'amôôôur, *you know...* et j'ai pas vu d'hommes seûûls ce soir... Je ferais même avec un chien, conclut-elle, en éclatant de rire.

— Pourvu que vous me donniez une niche, répliquai-je, charmé du compliment.

Du vrai troc : mon sexe (à défaut d'un autre) pour un lit et une douche, petit déjeuner non compris. La chambre coûtait 500 drachmes et je remplis mon contrat par deux fois. Proprement. Elle jouissait vite, et je ne dus pas accomplir d'heures supplémentaires. Mentalement, je calculai : un coup à 250 drachmes, j'étais complètement dévalué ! Après nos ébats, elle me glissa : « Tu as quand même de beaux yeux ! » Le pourboire, quoi...

— Qu'est-ce que tu vas faire à Patmos ? demanda-t-elle.

— Ecrire. Un livre et une pièce de théâtre.

— Oh ! sur quoi ?

— Un livre autour de Henry Miller.

— Miller ? C'est quoi ?

Je me lançai dans une enthousiaste explication mais, au bout de quelques minutes, elle s'endormit en boule, à côté de moi. Je fus pris d'un frisson d'angoisse : pourvu que mes futurs lecteurs ne décrochent pas aussi vite !

Le lendemain, je pris congé de cette dulcinée fugitive au petit déjeuner en la remerciant de m'avoir abrité.

— Merci pour tout, répliqua-t-elle.

Sur le bateau qui m'emmenait vers Patmos, je m'aperçus que je ne connaissais même pas son prénom... et qu'elle ne connaîtrait jamais le mien.

Sur le pont, je buvais le crépuscule grec : que de promesses diffuses, d'espoirs de vies à travers cette mort douce : soleil englouti par la mer, mer réfractant les dernières lumières sur l'horizon. Bleu sang... Une auréole de mousse encercle les îles ; les cercles s'estompent. S'effacent. Pure nuit trouée d'étoiles vives.

A Patmos, Bénédicte et Richard m'attendaient au port : ils

m'avaient loué une petite maison à *Grecou,* devant la mer. Le lendemain, tour de l'île : j'y croisai des personnages comme je les aime : *à côté*. Un armateur qui passe six mois de l'année à longer les plages et à sauter de crique en crique : cet Onassis sportif mange quatre à cinq repas par jour et convie à sa table des quidams accostés au bord de l'eau.

Le maire de l'île dialogue avec les poissons en s'excusant de les pêcher ou bien invective, en prenant les rochers à témoin, le nouveau gouvernement. Le soir, il vide sa bouteille d'ouzo en causant de saint Jean comme d'un vieux pote à lui.

Le fou de l'île : un homme au visage poussiéreux qui déambule toute la journée, les yeux hagards, et qui, brusquement, s'arrête devant vous, sans rien dire, puis repart. Vêtu d'un éternel imperméable vert, il porte sous le bras des sacs vides. Parfois, il fixe le soleil et profère un cri qui vous pétrifie sur place. C'est l'homme le plus fortuné de Patmos, m'a confié le banquier.

L'île a aussi sa putain : les cheveux noirs relevés en chignon très bon chic, bon genre, elle boit des bières aux terrasses du port et fait battre ses paupières mauve-orange en signe d'appel. La saison bat son plein…

Enfin, le grand absent omniprésent : saint Jean. Exilé par Domitien en 95 après la naissance de son Maître, il vécut dans une petite grotte où un ange (sûrement mandaté par le Fils et par le Père) descendit lui souffler les visions de l'Apocalypse. Texte sublime d'agonie et de dislocation de la planète que saint Jean a dû composer à travers la lumière presque palpable de cette île immobile et ivre de couleurs. Dans la grotte où le saint vécut chichement, un prêtre à la barbe blanchie montre le lieu où il se reposait (une forme d'oreiller sculptée à la base du rocher), et un trou cerclé d'argent où il aurait posé les mains avant de mourir.

« Quand il ouvrit le Sixième sceau, il se fit un violent tremblement de terre. Le soleil devint noir comme une étoffe de crin, et la lune entière comme du sang. Les étoiles du ciel tombèrent sur la terre comme fruits d'un figuier battu par la tempête. Le ciel se retira comme un livre qu'on roule, toutes les montagnes et les îles furent ébranlées ».

Un vieux docteur au goitre proéminent me confia, d'une voix étouffée : « Avant il y avait près de la grotte un figuier dont les fruits poussaient naturellement au bout des branches avec le mot Apocalypse marqué sur la peau du fruit ». Après avoir respiré, le docteur acheva dans un souffle : « Au XVIIe siècle, on voyait dans un cloître proche la main d'un homme dont les ongles poussaient comme à une personne vivante. Quand les prêtres les coupaient, ils revenaient quelque temps après... ».

L'ex-mari en transe, l'étrange Anglaise, la grotte sacrée, l'Apocalypse, la lumière, la voûte bleue, cette terre dénudée, offerte, tout cela m'avait ému, inspiré, débranché du quotidien. Miller n'était pas loin. Le stylo me démangeait. Mais les dieux grecs — ou, qui sait ? le fantôme facétieux de Miller — avaient décidé de retarder mon entrée en écriture. J'avais pourtant installé une table près de la fenêtre qui donne sur la jetée ; de là, je voyais les pins se balancer et quelques rafiots de vieux pêcheurs faire l'escale d'une bière fraîche. Méticuleusement, j'avais dévissé mon Montblanc à grosse plume, étalé mon Plein Ciel, mes crayons, gommes, cigares, cigarettes. Cet attirail inchangé fit ricaner Richard : « Tu es complètement fétichiste ! » Qu'importe ? Vive les fétiches s'ils offrent rituel, atmosphère, recueillement et explosion. Miller utilisait le crépitement de sa machine à écrire pour accoucher de ses monstres ; je connais un poète méconnu, qui, avant de se lancer dans la spéléologie verbale, prend une douche en écoutant du Vivaldi, se lime les ongles des mains, puis des pieds, et, enfin, s'enfile trois grands verres d'eau citronnée. A chacun ses rites... J'étais donc prêt à laisser couler l'encre bleue de ces souvenirs milleriens... quand un coup de tonnerre retentit dans le ciel sans nuages de Patmos : Evelyne. Je la connaissais à peine, Evelyne, je la devinais à son parfum « Anaïs Anaïs » qui la précédait toujours de quelques mètres. Un soir frappé de vin et d'alcool de cerises, elle me raconta dans un caboulot de la Grand-Place des morceaux déchirés de sa vie — épicée ! — mais je l'écoutais à peine, pris de vertige dans le vert-jaune de ses yeux et humant les vapeurs d'« Anaïs » à pleines narines. J'entendis quand même que cet été elle voulait se reposer toute seule — sans mec ! précisait-elle — loin, tout au bout du monde pour opérer un tri affectif (elle collectionnait les passions comme d'autres, les boîtes d'allumettes), oublier sa vie ancienne (mari, belle-mère, enfants et autres billevesées), son métier de mensonges (la publicité), seulement se laisser calciner au soleil et piquer par la mer.

— Patmos ! lui criai-je. Patmos !

Elle s'installa de l'autre côté de l'île dans un hôtel modeste aux fenêtres brunes. A la fin de la journée, elle venait parfois bavarder autour de quelques ouzos. Hier, on grimpa à la Chora, village blanc niché dans la montagne. Le dîner arrosé de retsina, le soleil rouge vif qui irradiait les nuages en tombant dans la mer, le vent d'Egée qui soufflait par brèves rafales, puis la lune si irréellement pleine qui jetait sur la mer des vagues d'étoiles, tout ce décor nous poussa vers la jetée.

— Si on prenait un bain de minuit, fit-elle.

Devinant la suite de cette trempette nocturne, j'acceptai avec enthousiasme quoique la perspective de me glacer les os ne m'excitât guère. D'un seul geste, elle enleva son pantalon et releva ses genoux jusqu'au menton. Pas de culotte ! L'ombre de la peau offerte sur cet autel marin ! En pleine lune ! La senteur de son corps se mêlait à celle du muguet. Je tombai dans sa bouche et elle dans la mienne. Des silhouettes glissaient autour de nous. Trop tard : nous fûmes bientôt nus et vibrants comme au premier jour.

— Viens vite, je suis déjà une mare…

Sous la lune de plus en plus blanche, elle suppliait, poussait de petits cris aigus ; moi, je râlais, la gorge sèche. On fit et on refit l'amour sur la jetée. Puis sur la plage. Puis dans le lit. Je dérivais sur son corps à caresses, me nouais dans ses cheveux, autour de son cou, de ses seins foncés. Elle tremblait et se débattait en jouissant : tout au fond d'elle, je sentais une sorte de tourbillon vers l'infini !

— Baise-moi ! Baise-moi.

Elle ne devait pas le crier deux fois. En lui traversant le corps, je sentais des rails me traverser le sang. Et quand je giclai enfin la lune loin en elle, elle répétait : « Cloue-moi sur ton lit ! Cloue-moi ! » Puis, sa bouche me saisit et tout devint liquide : elle, moi, la mer, nos corps, les lits… Le soleil émergeait de l'eau quand nous plongeâmes dans un sommeil comateux, collés l'un à l'autre comme deux rescapés d'un tremblement de chair. En me réveillant vers midi, je respirai encore les parfums de cette nuit frénétique. Elle ouvrit son œil vert : « Bonjour ! » Je la pris dans mes bras et la ronde reprit.

— Tu me fais jaillir des fontaines, dit-elle.

Moi aussi je sentais la terre s'ouvrir et le plaisir me submerger à ras-la-peau. Elle criait mon prénom comme si elle allait me perdre à l'instant. Agrippés. Fondus. Uns. Et, tout au loin, venant de la *taberna,* un tourne-disque vaporisait un Elton John ; puis ce fut le frigo qui s'ébroua. Lentement, la civilisation s'infiltrait dans notre Eros atopique !

— Ton sexe goûte le sel, j'aime, dit-elle.

Toi, tu goûtais l'imprévu, celui qui nous change de peau (et d'ailleurs, tu perdais la tienne, le lit était recouvert de peaux mortes, brûlées par la nuit, tu as pris un balai et tu les as jetées aux canards qui caquetaient sur la jetée — et bon appétit !), tu avais la saveur des vies oubliées… Peau neuve ! Ames revivifiées ! Entre deux fous rires et deux thés froids, tu m'as raconté qu'un jour, sur un pari, tu avais fait une pipe à un ami dans un restaurant. L'ami n'en croyait pas son scrotum. Après les chicons au gratin, ta bouche improvisait l'entremets… Cette cocasserie (j'adore !) me remit en selle pour un ultime tour de manège. Il restait dix minutes avant de prendre ton bateau du retour. On courut au port, en titubant. Les marins nous ont sans doute pris pour des noyés.

— A bientôt, fit-elle.

— A terriblement bientôt.

Déjà le bateau s'éloignait, et ton corps à caresses. Je vis disparaître tes yeux verts, ta nuque à muguet, ta silhouette… tout devint brume. Un frisson de toi me parcourut tout le corps.

Demain, je commencerai le bouquin.

Jeudi

Ocampo Drive. Nous suivons le facteur de quelques pas. Ce petit homme au ventre arrondi avance en se balançant, les bras chargés de lettres et de paquets... Distribuer le courrier dans l'avenue de Miller n'est pas un cadeau de l'Administration des postes. Le gros homme repart du 444 tout léger. Miller nous rejoint au salon en poussant son *relator*. Aujourd'hui, la fente mince de ses paupières lui donne un visage de chinois et lorsqu'il sourit, la fente se referme comme s'il regardait l'âme ou le cœur à travers l'œil...

— Hier, nous avons parlé d'Amour, commencé-je, or quelques-uns de vos livres ont été condamnés en raison de leur caractère pornographique et obscène...

— Je m'attendais à cette question, me répond Miller avec un sourire rusé. Je vais vous répondre mais sachez que je ne suis ni un spécialiste ni un théoricien du sexe ! On me reprochait tout simplement d'écrire ma vie.

— Vous êtes devenu théoricien malgré vous et grâce à vos procès, en quelque sorte...

— Si vous voulez... Oui, j'ai écrit des choses obscènes mais jamais pornos : la pornographie a pour but de vous chatouiller les nerfs alors que l'obscénité, proche des rituels, éveille l'être à la réalité en rendant la sensation du réel plus intense.

— Dans ce sens-là, vous avez écrit : « Discutez la nature et le sens de l'obscénité est presque aussi difficile que de parler de Dieu ».

— Bien sûr ! Qu'est-ce que Dieu ? Qu'est-ce que l'obscénité ? Les dictionnaires restent vagues... Mais la liste des écrivains accusés d'obscénité depuis le début des temps est longue. L'obscénité pour laquelle on m'a poursuivi, diffamé, insulté même, appartient à une tradition littéraire existant depuis un millénaire ! Mais, pendant ces trois derniers siècles, la littérature anglo-saxonne s'est châtrée en perdant la notion de totalité... mais je ne vais pas vous faire un cours de littérature.

— La peur de l'obscénité n'est-elle pas un effet de refoulement et de culpabilité ?

— Je le crois : si les hommes allaient jusqu'au bout de leurs désirs, rien ne serait considéré comme obscène. Moi aussi je me suis libéré de mon éducation puritaine à travers mes livres…

— Nous projetons sur l'Autre notre propre obscénité, celle que nous refusons avec horreur. Et puis dans *obscenus*, il y a déjà l'idée de « mauvaise augure ». Si l'obscène menace, c'est qu'il refuse de jouer les règles du jeu social.

— Eh oui, toujours la crainte ! Jamais la source pure du désir. Toujours l'hypocrisie… A ceux qui font une grimace horrifiée, je dis : « Qu'est-ce pour vous une attitude sexuelle saine ? » Ils bafouillent des clichés… Je poursuis : « Vous ne saurez jamais et moi non plus, retracer l'attitude de l'homme devant la sexualité depuis l'origine de la création, vous vous perdrez dans un labyrinthe dont le centre s'est perdu en cours de route ». Et puis je continue devant leur mine défaite : « L'artiste frappe fort pour éveiller avec le désir de convertir ; chaque fois que l'obscénité surgit, on sent la mort imminente d'une forme… » Une chose curieuse et révélatrice : les critiques ou les censeurs qui accusent les artistes contemporains d'obscénité, traitent avec plus de respect et de compréhension l'obscénité des primitifs ou des écrivains de l'Antiquité. Ils se justifient en disant très justement : « A d'autres civilisations, d'autres mœurs ». Et pourquoi, moi, devrais-je rester un être standard, un rhinocéros comme dit Ionesco ? Ils répondent à demi-mot : « Soyez original, soit, mais pas trop choquant ! Et surtout, pas vulgaire ! »

— A vous entendre, Henry, l'obscénité est une technique et un processus de purification…

— Exactement. L'obscénité est une technique comme celle des miracles dont usait Jésus-Christ.

— Vous aimez, je pense, vous identifier au Christ… né un 25 décembre… Le Christ réveillait les morts et vous, vous réveillez les vivants…

— Hmm… Hmm… Oui, mes livres ont aussi fait des miracles. Ont sauvé des gens. Ont redonné du courage, goût à la vie. Mes « obscénités » n'ont jamais rendu un lecteur cancéreux ou vicieux. Je n'ai pas pourri la jeunesse, ni achevé des vieillards avec mes livres. Au contraire. Tenez : j'ai reçu la semaine dernière une lettre d'une vieille femme du Midi de la France : « En lisant *Tropique du Cancer,* vous m'avez fait découvrir l'amour. Merci, merci... » Non, ce qui me paraît obscène, ce sont les guerres et notre civilisation de haute technicité. Demain la poésie s'écrira en bombes et en images nucléaires. Dans la guerre, l'homme peut se laisser aller : quand une planète baigne dans le sang, le crime n'a plus aucun sens. Vous avez écrit sur ce sujet dans *Tête de Truc,* j'ai lu votre pièce le mois dernier. Après l'obscénité de la déflagration atomique, l'homme Truc se distrait dans l'obscénité des mots et des actes comme s'il lançait une prière invertie, mais à qui ? Il n'y a plus personne ! Ça doit marcher sur scène, ça... J'ai bien aimé ce personnage : il participe seul à un violent processus de purification. Vous avez eu des ennuis avec cette pièce en Europe ?

— Non, pas du tout...

— Vous voyez, la situation évolue. O.K., O.K.... c'est bon signe. Je crois avoir contribué un peu à cette évolution en rendant à la sexualité sa juste place.

— Là, vous vous prenez au sérieux...

— Peut-être un peu de vanité... mais, en fait, je n'ai aucun mérite car, en écrivant, je cherchais avant tout à devenir moi-même.

— Mais que d'embûches juridiques pour être vous-même ! Avez-vous souffert des mandats d'amener, des procès ?

— Les procès, je m'en fichais ! Mais je craignais surtout d'être assailli par des détracteurs. Je redoutais leurs agressions... et la fin de ma tranquillité.

— Vous vous êtes quand même défendu par des écrits...

— Oui, j'ai écrit un ou deux livres grâce à des juges et à des magistrats... J'ai écrit à l'un d'eux : « Ce procès qui est le procès de la vie remonte à Prométhée ». C'est la vérité. Vous savez qu'on m'a presque enfermé pour *Sexus* en France... Ce livre choquait les gens de loi !

— Même votre ami Durrell vous a fait des reproches : « des explosions puériles d'obscénités », écrivait-il.

— Je lui ai répondu que j'avais couvé *Sexus* depuis longtemps et que j'avais écrit ce que je sentais — et surtout ce que j'avais envie d'écrire. C'était une manière de me voir tel que j'étais. Comment pouvait-on me reprocher cela ?

— Et vous vous êtes retrouvé en prison ?

— Oh non ! Hmm... Enfin presque... On m'a convoqué à une cour de justice : c'était une cour spéciale qui n'était pas destinée aux criminels — heureusement ! — mais à des hommes coupables de méfaits. Me voilà devant le juge avec mon avocat. « Vous devez me répondre honnêtement », répétait le juge : « Bien sûr, Monsieur le Juge », répondis-je le plus humblement possible. Ça durait déjà depuis plus d'une demi-heure et il fallait que j'aille aux toilettes. Je demande à voix basse à mon avocat où se trouvent les chiottes. Il me répond : « Il n'y en a pas ici. Faites ça dans votre pantalon ». Ce que j'ai fait. Et il y avait une petite rivière qui coulait jusqu'au juge. Ce n'était pas bon pour ma cause, *you know,* cette source obscène ! Mais le juge ne voulait pas voir cela...

— Il connaissait le refrain de la vessie des prévenus !

— Peut-être... Puis le juge haussa la voix. Je croyais qu'il allait me sermonner pour mon manque d'égards envers la cour. « Attention, Monsieur Miller ! La dernière question ! » Il prit une mine sombre, très sérieuse. Moi aussi. « Monsieur Miller, pensez-vous qu'un écrivain a le droit de *tout dire,* d'écrire tout ce qu'il veut dans un livre ? » Je connaissais évidemment ma réponse mais je feignis de réfléchir profondément... comme ça... la tête entre les mains... puis après un long silence, je lève la tête : « Monsieur le Juge, je crois que *oui* ». A ma réponse, un greffier applaudit sous son banc. Puis le juge descend de son estrade, royal dans sa robe rouge, se dirige vers moi et me donne l'accolade : « Monsieur Miller, vous êtes des nôtres, de la famille des Villon, des Rabelais... »

— N'avez vous vraiment pas peur de la mort ?

— Plus maintenant, et, pourtant, j'ai déjà un pied dans la

tombe ! Avant, je me suis débattu dans la peur et l'angoisse de la mort. Le ventre, l'utérus de la mort... le ventre de la femme me rappelait ce que je fus avant de jaillir des reins de ma mère : *rien*. Le mois dernier, mon ami Renoir est mort. Je n'ai pas pleuré. Je me suis dit : « Il est peut-être mieux là-bas que moi, ici. » Ma première opération, il y a six ans, m'a fait voir la mort de très près ; avant, je n'y avais pas vraiment pensé... En vous parlant, je me demande quand je n'ai plus eu peur de la mort...

Miller caresse son menton en laissant échapper de lents hmm... hmm... Son œil intérieur sonde le passé.

— Après la mort de mon père, reprend Miller, je n'ai plus eu peur. Sa mort m'avait bouleversé. Je me sentais subitement un mauvais fils, je pensais que j'aurais dû lui parler davantage... Je me traînais dans la maison, accablé de remords... La veillée du corps, avec ma mère, reste pour moi un souvenir sordide. C'est au cimetière d'Evergreen où il a été enterré que j'ai perdu la peur de la proximité de la mort, que j'ai réalisé une sorte d'apprentissage. J'aurais même voulu, comme un simple d'esprit, déterrer le corps de mon père et jouer avec ses os. Les vers de terre ne m'effrayaient plus...

— Vous ne parlez pas de la mort comme un Américain...

— Ah oui, pourquoi ?

— Parce que vos compatriotes maquillent leurs morts pour chasser la mort : ils parfument et embaument leurs cadavres. Dans leur cercueil capitonné, les morts ont l'air en meilleure santé que les vivants : les joues rosées, l'œil relevé, les cheveux gominés et parfois teints, les dents passées au blanc, le visage légèrement poudré, hâlé...

— On dirait que vous avez fait la tournée des macchabées de la région, relève Miller, l'œil rond.

— J'ai visité plusieurs maisons de pompes funèbres. Ce travestissement de la mort me fascinait. J'ai bavardé avec un mourant, à Cortland (que Bill m'avait déniché dans son quartier) qui, toute sa vie, avait cotisé à une assurance spéciale pour bénéficier d'un enterrement fastueux. L'arme à gauche mais en première classe !

— C'est vrai : la mort, pour les Américains, doit être aseptisée. Niée en quelque sorte. Vite, vite, chassez l'odeur du cadavre…

— Et après la mort ?

— Je vous l'ai dit : Mystère ! Mais, entre nous, j'ai l'impression que cela doit être chouette de l'autre côté. Sinon… quelle perte de temps, la vie !

Tous ces cul-de-sac à l'horizon, ces promesses de déflagration et la mort déguisée à l'américaine me renvoient à mes hantises viscérales. J'ai sans doute la peau tendue et la mine qui s'allonge. Miller, qui arrache l'une après l'autre les peaux de ses interlocuteurs pour toucher le noyau, s'en aperçoit et reprend :

— Connaissez-vous une histoire cocasse ? Ça nous changera les idées…

Cocasse ? Miller se cale dans son fauteuil, plissant les yeux comme un Bouddha.

— C'est une histoire de jeunesse, dis-je, qui a laissé des traces dans mon souvenir. Mon ami Bernard et moi avions décidé de nous cloîtrer une semaine dans un petit village ardennais pour écrire. Nos journées et nos soirées se passaient à composer des textes désespérés ou bucoliques, à nous gaver de Schopenhauer ou de Nietzsche… et à nous rincer le gosier au vin blanc.

En visitant l'église du coin, nous avions été frappés par la file des fidèles qui s'allongeait devant le confessionnal. Ou bien les villageois étaient d'ignobles crapules qui blanchissaient quotidiennement leur âme pourrie ou bien nous étions tombés dans un repère de bigots et de bigotes. A l'époque de nos vingt ans, singeant Rimbaud, nous affichions un anticléricalisme furibond. Nous ne gueulions pas « Merde à Dieu ! » mais nous conçûmes une étrange mascarade…

Le jour J, très tôt dans la matinée, Bernard prit place le premier dans le confessionnal, bientôt suivi par cinq ou six pécheurs. Pendant que le prêtre pénétrait dans sa loge, je me glissai dans la petite pièce derrière l'autel, découvris un vrai bric-à-brac, ouvris l'armoire et m'emparai de la première soutane. Je l'enfilai. Elle me tombait jusqu'aux pieds, son propriétaire devait être un géant ! J'avançai à petits pas vers le confessionnal et, à voix basse, murmurai aux fidèles : « Je suis le nouveau prêtre… je suis venu ici pour seconder mon collègue. Si vous voulez me suivre… »

Une femme entre deux âges se leva et m'emboîta le pas. J'avais repéré un autre confessionnal poussiéreux et branlant situé de l'autre côté de l'église. Dans un craquement de bois vermoulu, je m'installai, suivi de ma cliente qui ne put s'empêcher d'éternuer. Pendant ce temps-là, Bernard tenait le prêtre en haleine en lui confiant les péchés les plus horribles dans une narration à progression géométrique. Il avait été comme foudroyé par la foi en traversant le village. Il désirait mettre son cœur à nu, se laver de la boue de l'existence. Avouer ses cauchemars et surtout se repentir. Il avait trente-cinq ans. Il avait commis des larcins, des vols de bijoux, plusieurs viols — il les décrirait avec une précision de chirurgien — et… tout au bout de cette nuit… un meurtre, et le plus odieux de tous : celui d'un enfant. Pourquoi ? Il ne le savait pas. Une main étrangère l'avait guidé. Il se souvenait seulement de cette sensation de tête broyée contre une pierre… Avec ce programme qu'il comptait pimenter de références bibliques, Bernard espérait coincer son confesseur une heure ou plus… le temps, pour moi, de confesser tous les autres…

— C'est une idée d'écrivain et de voyeur, ça ! s'exclame Miller. Sonder les âmes en étant plongé dans l'obscurité…

— Je soulevai la planche de bois et devinai dans ce noir poussiéreux un visage de femme incliné vers le sol.

— Je vous en prie, ma fille, murmurai-je en me tordant la bouche pour ne pas pouffer.

— Mon Père, pardonnez-moi parce que j'ai péché.

— Délivrez-vous…

— J'ai commis une action coupable, ce matin, mon Père : j'ai refusé du sel à ma voisine, par manque de charité… et je crois que je la déteste profondément.

— Pourquoi la détestez-vous ?

— Je n'en sais rien, fit une voix brisée d'émotion.

Je me sentais coincé dans mon box divin, décontenancé par cette histoire de sel ; je m'attendais à des phantasmes honteux, à du morbide, à du Mauriac.

— Demain, dis-je, offrez-lui une boîte de sel : vous serez pardonnée.

— Oui, mon Père. Dois-je prier ?

La curiosité me tenaillait. Qu'est-ce qui se cachait derrière ce sel anodin et cette haine mystérieuse ? Pourquoi venir s'en délivrer ici ? Des questions me montaient aux lèvres… et ce grillage, cette mi-obscurité leur prêtaient une aura toute particulière.

— Ma sœur, dis-je doucement, aimez-vous votre mari ?

Silence. Craquement de chaise. Ma question ex abrupto la rendait méfiante.

— Ne vous inquiétez pas, ma sœur, j'expérimente une nouvelle confession dans la perspective du renouvellement des sacrements. Le confesseur suscite l'esprit pour qu'il s'envole encore plus haut… Vous êtes la première, dans ce village, à vivre ce nouveau type de confession…

— Ah ! bon, fit une voix rassurée. En vérité, mon Père, je m'efforce de l'aimer de toute mon âme, je vous le jure.

— Pourquoi cet effort ? L'amour n'est-il pas un sentiment naturel ?

— Je fais mon devoir d'épouse…

— Vous ne l'aimez pas vraiment ? insistai-je.

— Non, pas vraiment…

— Rêvez-vous parfois de le tuer ?

— …

— J'ai dit : « Rêvez-vous ? »

— Je n'ose l'avouer, mon Père… *Oui.*

— Vous aimez-vous encore charnellement ? demandai-je avec une infinie pudeur.

— Non, fit une voix blanche.

— Depuis combien de temps, vous…

— Oh !... Vingt ans...

— Vous avez quel âge ?

— Quarante-cinq ans...

— Votre mari est gentil avec vous, au moins.

— Non, mon Père. C'est un violent... et il va chercher ailleurs ce qu'il ne veut plus chez moi. Je suis malheureuse, mon Père, malheureuse et désespérée...

La femme pleurait doucement et moi je n'en menais pas large. Derrière ce grillage, je sentais un tel désespoir et une telle résignation que je fus pris pour cette femme d'une folle pitié. Ce canular loin de m'amuser me faisait... honte.

— Que dites-vous, mon Père ? reprit la voix.

Aucun mot ne sortait de ma bouche de jeune intellectuel pétrifié par la vérité du quotidien égrenée à travers un grillage. Qu'avais-je à lui proposer ? Ma philosophie révoltée et balbutiante ? Mes graffiti d'étudiants ? La bonne parole de Nietzsche ? Je m'étais glissé dans la peau d'un autre et cet autre me collait à la peau. J'allais donc parler à sa place, fermer cette blessure que j'avais rouverte avec impudence.

— Ecoutez, parvins-je à dire, vous êtes une croyante sincère, je sais que votre cœur est pur... la terre est une vallée de larmes... mais ne l'a-t-elle pas été pour notre Seigneur Jésus-Christ, bafoué, crucifié ?... Offrez votre souffrance à Dieu. Vous serez récompensée : la vraie vie n'est pas ici, elle vous sera promise aux cieux éternels, surtout ne désespérez pas, tenez bon... puisez la force d'être heureuse en vous-même...

J'avais la gorge serrée devant cette vie fichue : je lui disais exactement le contraire de ce que je pensais — mais que faire d'autre ?

— Merci, mon Père, dit la femme, vous m'avez donné beaucoup de courage.

— Allez en paix et soyez heureuse, terminai-je, épuisé par ce jeu qui n'en était plus un.

J'abandonnai ma soutane et sortis rapidement du confessionnal avant qu'un autre fidèle ne se précipitât vers moi. En approchant du vrai confessionnal, j'entendis la voix de Bernard : « Je revois ce viol dans mes cauchemars, cette fille plaquée dans l'herbe qui tentait de tordre mes parties et que je meurtrissais de mes baisers crasseux… Oh! mon Père, je voudrais expier cet infâme coït… » Lui, il s'amusait au moins. Je soulevai le rideau et lui soufflai : « Viens, on file… » Nous filâmes du village. A Bruxelles seulement, nous eûmes le cœur d'en rire. D'un rire jaune et gris. Un malaise s'insinuait en nous comme si nous avions transgressé une loi imprescriptible. Ce visage et cette voix de femme revenaient en mon esprit comme le refrain d'un fantôme qui surgit au cœur de la nuit.

Vous souhaitiez une histoire cocasse… c'est rare, je crois, une histoire purement cocasse…

— Hmm… Elle est humaine, cette aventure, c'est-à dire cocasse et tragique, dit Miller lentement… totalement humaine…

Nous regardons par la fenêtre. Le temps a filé. La nuit recouvre déjà l'océan Pacifique.

Pascal Vrebos

Rencontre au Ritz

Extrait de *La Course des chevaux libres*, roman, Yves-William Delzenne, Le Cri.

Décembre 1966. Je retrouvai cette année-là ma liberté et une chambre d'hôtel. Au Ritz, avec vue sur la colonne Vendôme. Cependant il était question pour maman d'entrer dans ses meubles ; et quels meubles !

Un Picasso au-dessus d'un dressoir Régence, des doubles rideaux de velours noir et des abat-jour dorés à la feuille… Il était temps de s'arrêter quelque part et puisque ce cher Jérôme (celui-ci s'appelait Victor, je ne puis pas ne pas m'en souvenir) était sérieux et avait de solides relations, ma place était peut-être à Paris. De toutes façons, je ne fichais rien de bon dans ce collège, n'est-ce pas ? Un incident m'avait d'ailleurs rendu indésirable à Antoine de Lampigny. Un bel endroit en vérité !

La carrière cinématographique de maman tournait court ; son dernier film avait été un échec et bien que Victor fût prêt à avancer des capitaux pour la réalisation d'un nouveau long métrage en couleurs, d'après un roman de Louise de Vilmorin, maman ne croyait plus guère à sa tardive vocation. Les gens de cinéma ne juraient que par Jeanne Moreau. Alors, à quoi bon ? Pour s'entendre dire que la Moreau eût mis plus d'humanité dans ce rôle… Maman avait été taxée d'iceberg par la critique ; dans le meilleur des cas on parlait de sa froide beauté. Et il y avait ces rides aux coins des yeux, de plus en plus difficiles à dissimuler.

Mlle Chanel disait aussi qu'elle avait de vieux genoux, des genoux qui avouaient plus que son âge, et qu'elle avait grand tort de les dénuder dans des robes ridicules de ce « Cardin qui ne saura jamais habiller les femmes faute de les aimer ».

Maman ne pouvait tout de même pas envisager de ne paraître aux réceptions qu'en tailleur Chanel.

— Les chaînes sont trop lourdes à porter, trouvait-elle encore la force de plaisanter.

Et voilà que je débarquais ! C'était entendu, mais comme j'avais grandi ! Et ces jeans, je n'allais tout de même pas me promener en jeans le reste de mes jours ? Nous étions la veille de l'an neuf et invités à une soirée très… Enfin une soirée, une vraie. Je comprenais ? Oui, je comprenais très bien, je n'avais jamais été idiot. Un coup de fil et maman déclara que tout était arrangé. Une boutique de la rive gauche m'attendait ; j'y trouverais des blazers et des chemises à rayures (j'aimais les rayures, n'est-ce pas ?), des chaussures (je choisirais de préférence à toutes autres chaussures des mocassins, mieux adaptés à mon âge. Car enfin, j'étais encore un enfant) et le smoking indispensable à la soirée très…

Dans le taxi qui allait déposer maman chez son coiffeur avant de me conduire à l'adresse où m'attendaient mes uniformes futurs, il me fut remis un chèque et des revues de mode masculine. Je n'en avais jamais vu auparavant. Dans l'une d'elle, des jeunes hommes en maillot de bain noir, le corps hâlé et luisant d'un bref plongeon dans une piscine azurée, se faisaient sécher sur des tremplins, lascivement exposés à la caresse d'un soleil méditerranéen. Il y avait loin de cette demi-nudité à celle des évadés d'un soir dans la forêt de Lampigny, aussi loin que de l'uniforme de collégien aux blazers rive-gauche à boutons dorés ; exactement l'espace et le temps de paraître ce qu'on n'est pas encore mais qu'on ne manquera pas de devenir. Car l'habit finit toujours par faire le moine. Je compris peut-être ce jour-là l'importance d'un tissu, d'une coupe, d'un accessoire, en me voyant dans un miroir et en me reconnaissant, honteusement flatté d'être riche (il faut l'être pour s'habiller avec goût, quoi qu'on prétende parfois), beau et initié aux moyens de le faire savoir. Pensais-je aux hommes élégants qu'il m'avait été permis de rencontrer par le passé ? C'est fort peu probable. Je n'étais occupé que de moi, cherchant à me consoler sans m'en douter d'un chagrin auquel je ne donnais pas de nom, même pas celui de maman.

Elle m'avait tendrement embrassé avant de descendre du taxi et s'était écriée :

— Mon Dieu, que je dois être vieille avec un si grand garçon ! Tout en jetant une œillade au rétroviseur et cent francs pour la course sur mes genoux.

Qu'elle était belle et folle, emmitouflée de vison blanc et d'égoïsme. Lui ressemblais-je ?

Le suicide raté de Pierre (avait-il eu l'intention de le réussir ce suicide ?) me valait d'être rendu à la liberté. Car sans cela maman se serait-elle décidée à me rappeler auprès d'elle ? J'en doutais. Et quoiqu'elle ait toujours prétendu qu'elle n'aimait pas se passer de ma présence. Mais le petit garçon songeur était loin. Il fallait désormais compter avec un jeune homme qui aurait fatalement son idée sur toutes choses. J'avais toujours été si personnel, au fond.

Ainsi Pierre s'était ouvert les veines du poignet en mon honneur. Quel scandale ! Quel ennui... Il avait tout taché, le lit, le couloir menant à l'infirmerie, jusqu'à l'infirmier. Il y avait du sang partout. Et cette lettre qu'il avait laissée compromettait un peu tout le monde. Après l'affaire Saint-Moritz, les directeurs du collège se retrouvaient avec un suicidé, raté peut-être, mais vraisemblablement homosexuel. J'étais l'objet du scandale et mon innocence pour ne faire aucun doute (comme s'il y avait des innocents !) fut jugée suffisamment encombrante pour qu'on demande à maman de me reprendre, « dans mon bien plus encore que dans celui de l'établissement ». C'en était fini de ma carrière de collégien. Je reprochais à Pierre non tant mon renvoi que de s'être si lamentablement raté. Tel étais-je.

Je m'étais senti un temps comme un évadé ou plus exactement un prisonnier libéré avant terme qui aurait retrouvé au greffe une paire de jeans, un pull-over et une valise. Je fis la route de Paris par le train sous l'œil protecteur d'une vieille dame dont je partageais le compartiment. Elle pensait sans doute que je rentrais dans ma famille pour les fêtes de fin d'année, s'imaginant peut-être cette famille classique banale et chaude. Mais j'étais auréolé de gestes obscènes, de sang et de mépris. A cet instant je mesurai le pouvoir des apparences, celui d'un visage d'ange. Je savais que ne sortiraient de ma bouche que des paroles polies, que jamais je ne dirais à cette femme qu'elle puait, que j'imaginais son cul aussi ridé que sa triste face, que je m'étais masturbé tout à l'heure aux w.-c., que d'ailleurs les voyages en train me faisaient toujours bander. Je savais que j'entretiendrais désormais soigneusement les apparences d'un jeune homme comme il faut, si distingué et grave pour son âge.

Ce soir-là, dans le hall du Ritz, un homme en smoking, un manteau plié sur le bras gauche, faisait les cent pas devant l'ascenseur. Wieland Randorff, les cheveux flous, fumait un cigarillo tenu un peu fébrilement (comme s'il ne pouvait pas manquer de se brûler les doigts) d'une main qu'on avait aussitôt envie de toucher.

Une main très belle et longue. Il regardait de temps à autre le cadran de sa montre-bracelet ou réajustait une écharpe de soie blanche. Un déclic le fit tressaillir. L'ascenseur en s'ouvrant révéla maman en robe rose, de ce rose indien qui avivait sa blondeur, suivie d'Ornella, inchangée, intemporelle, vêtue d'un fourreau noir. Je me sentis avoir dix ans dans un corps de seize et je revis le lac de Côme que je croyais avoir oublié. Ornella m'offrit une main gantée d'ivoire à baiser (à ce moment je compris qu'elle accompagnait maman) et j'aperçus, entre le gant étroitement ajusté jusqu'au coude et le pan d'une courte veste de zibeline jetée sur ses épaules, la chair de son bras, émouvante ainsi dévoilée par surprise. Et tandis que je portais à mes lèvres la main enveloppée d'Ornella Matisse (Matisse comme le peintre, me remémorais-je), maman dit à regret :

— Mon fils. C'est comme cela. J'ai un trop grand fils. Je ne vous l'avais pas dit ? Puis se tournant vers moi : « Ornella et son mari sont de la soirée ». Et devinant que l'homme aux cheveux flous était non loin de nous, elle l'appela : « Wieland ! Je sais, vous êtes fâché, nous avons été longues... »

Wieland s'approcha :

— Je dépose mes hommages à vos pieds roses, chère Madame.

— Vous êtes charmant, Wieland. Vous avez déjà remarqué que je portais des escarpins assortis au ton de ma robe. Il n'y a que vous pour cela. Mais voyez ce trop grand garçon, c'est mon fils. Croyez-vous ?

Et alors qu'Ornella, gantée, ne m'avait abandonné un court instant que le poids léger d'une main masquée, Wieland me tendit la sienne, nue, sans prendre garde que par ce geste il me permettait non seulement de le toucher, mais encore de connaître une première et fugitive perception de la réalité charnelle d'un être que j'avais cru imaginaire, en quelque sorte... Mais pas plus que maman ne semblait se souvenir que j'avais rencontré Ornella et Wieland, ceux-ci ne témoignèrent en faveur d'un enfant décidément perdu et qu'ils n'avaient d'ailleurs peut-être pas regardé autrefois. J'avais seize ans ; je ne devais pas l'oublier. Nous allions sortir de l'hôtel quand Wieland me demanda :

— Je me prénomme Wieland, mais vous ? Cela n'a pas été dit.

Le timbre de sa voix était clair comme son regard et je m'entendis prononcer ce prénom qui est le mien et qu'il me faut enfin écrire pour lui donner la sonorité que Wieland lui prêta en le répétant à ma suite : Eric... Eric, comme si cela avait été un souffle.

C'était un prénom que je n'aimais pas parce qu'il était à l'image de mon enfance sans ancrage (maman m'appelait « mon chéri » et parfois : Riri... ridiculement). Et de cet instant, je l'acceptai. Oui, j'avais seize ans, j'étais Eric et heureux d'être là sur le perron du Ritz, en compagnie de personnes élégantes prêtes à fêter l'an neuf.

Je compris bientôt que le mari d'Ornella dont il avait été question n'était autre que Wieland et qu'on recevait le couple en le saluant d'un M. et Mme Randorff. Avais-je rêvé le nom de Matisse qui auréolait cette femme de graphismes colorés et de papiers découpés ? La mémoire d'un enfant était-elle si peu fiable ? Je n'eus guère le loisir de songer à la question car j'avais été introduit, dans le sillage de maman, au centre d'une assistance nombreuse et brillante. L'appartement était celui d'un styliste qui de costumier d'opéra était passé au service d'une prestigieuse maison de prêt-à-porter de luxe. Evidemment, j'ignorais alors ces détails. L'hôte faisait les honneurs de ses salons vides aux lambris du dix-huitième siècle avec une grâce affectée et des exclamations. Il me trouva « ravissant » ; ce fut son expression.

Dans une salle dallée de marbre rouge, où deux niches garnies de sapins argentés se faisaient face, un buffet était dressé derrière lequel des garçons en livrée Louis quinze ouvraient des bouteilles de champagne rose. Maman m'avait déjà oublié. On faisait cercle autour d'elle, aussi riait-elle très haut en montrant des dents parfaites, d'ailleurs refaites. Un peintre, célèbre pour des toiles gigantesques éclaboussées de couleurs vives, lui démontrait avec force gestes qu'elle ressemblait à un tableau qu'il avait réalisé bien avant de l'avoir rencontrée. Une tache rose comme son visage, sa robe et ce champagne. Le rose même de son aura, là au-dessus de sa tête blonde, si blonde qu'on eût pu la dire rose !

Je quittai le salon où maman et ses admirateurs se tenaient pour aller à la recherche d'une source musicale dont les ondes nous avaient accueillis dès l'entrée sans révéler leur nature exacte. Je débusquai dans le haut d'un escalier un petit orchestre à cordes qu'un système d'amplification reproduisait de pièce en pièce. C'était là une version modernisée de l'ensemble musical dissimulé derrière un paravent. La musique, volontiers nostalgique prenait çà et là des couples dans « ses cercles enchanteurs », car il n'y avait pas à proprement parler de salle de bal. Je ne sais si c'est de ce jour que je décidai de consacrer ma vie professionnelle à la création de costumes, les influences conjuguées de l'assistance parée, de l'activité de l'hôte et de sa volonté de réunir les plus belles femmes et les hommes les plus prestigieux de Paris, faisant dans mon esprit une sorte de théâtre voué à l'élégance ? Mais à quelque temps de là, je me mis à inventer des robes à l'aide de dessins et de petites maquettes de chiffons. Il est vrai que toute mon enfance avait été peuplée de femmes à l'essayage et à la parade, soucieuses de porter les toilettes les plus remarquables...

Je restai un long moment à contempler Ornella et Wieland dansant un slow devant une porte-fenêtre entrouverte sur la Seine. Ils dépassaient en éclat, et surtout en mystère, ce que j'avais déjà admiré d'aisance chez d'autres couples ce soir-là. On les regardait comme des modèles. Qui étaient-ils au juste ? J'entendis cette question à plusieurs reprises et personne ne semblait pouvoir y répondre, comme par le passé.

Plus tard dans la soirée je me retrouvai en leur compagnie à manger des sorbets dans des coupes d'argent gravées aux initiales d'une courtisane défunte depuis deux siècles. Je souffrais de ne pas plaire comme je l'aurais voulu, ce qui s'appelle plaire, à Ornella en particulier, de ne pas participer à la conversation de Wieland que les confidences d'une vieille femme, le front ceint d'un bandeau de perles, faisaient rire aux éclats. Mais qui était cette excentrique ? Je ne la reconnaissais pas et il fallut que maman me dise : « Mais, c'est Raymonde. Tu sais... Mais oui, la spirale. Souviens-toi, elle te racontait des histoires à dormir debout et le temps était une spirale », pour que ressurgisse le visage ancien de l'écrivain déjà présent en même temps que Wieland et Ornella, il y avait de cela six ans. Seulement six ans ? Raymonde était devenue caduque et hippie : elle racontait sans doute à Wieland qu'elle l'avait rencontré en compagnie d'Ornella dans une autre vie. Et la spirale du temps avait préservé ce décor pour les recevoir à nouveau. Elle lui disait peut-être qu'ils étaient des égarés dans l'éternité. Que répondait Wieland à cette histoire ?

— Vous aviez déjà cet âge, ce visage grave au regard ironique, et Ornella, aussi jeune et belle qu'aujourd'hui, s'appelait Diane ou Diana, ou tout simplement Ornella.

Et Wieland de rire, en rejetant la tête en arrière, de ce curieux rire qu'on aurait pu croire fâché.

La femme de lettres au front emperlé ne faisait pas attention à moi et je n'osai lui rappeler le passé où elle se mouvait pourtant si aisément. Je n'étais plus le même, moi, et le nouveau jeune homme s'avouait maladroit à paraître.

On ouvrit officiellement le bal, l'orchestre se révéla sous la forme d'un violoniste qui circula parmi nous à la manière d'un musicien tsigane, bientôt suivi par le reste des cordes. Je m'enhardis à inviter Ornella à danser et à ma grande surprise elle accepta mon bras. Nous valsions ; je n'étais pas des meilleurs danseurs (Antoine de Lampigny négligeant cet aspect de l'éducation d'un futur homme du monde), mais Ornella ne semblait pas s'en apercevoir. Je devinais ses yeux verts si étrangement brillants, posés sur les miens qui feignaient de s'attarder sur son front, ses cheveux d'un blond vif et sombre à la fois. Des cheveux qu'aucune couleur connue n'aurait pu définir. J'étais ému au-delà de ce que je croyais convenable de laisser paraître car j'avais déjà appris, sinon à me comporter comme un homme, au moins à souhaiter en montrer les signes extérieurs d'indifférence satisfaite. Et je ne savais que dire. Il eût convenu que je parle cependant, ne fût-ce qu'un peu. Et lorsque me vint à l'esprit une question, je me demandai comment oser parler. Regarder dans les yeux l'espace d'un instant ma danseuse (sans quoi j'eusse paru insolent certainement) était au-dessus de mes forces.

Un faux pas qui me fit toucher son pied remédia à ma situation en l'aggravant. Au moins parlai-je dans mon embarras.

— Oh ! pardon. Je danse mal.

— Pas le moins du monde. Et la valse encore ! Ce n'est ni de votre âge ni de ce temps. Mais c'est une belle danse, elle demande de la concentration, de l'élégance. Ne trouvez-vous pas ?

Se moquait-elle de moi ? Je me lançai à l'eau en lui posant comme un défi cette question qui m'obsédait :

— Depuis quand connaissez-vous Raymonde ?

Elle me regarda comme si elle devait faire un effort pour me comprendre. Je soutins son regard, enhardi par je ne sais quel sentiment de supériorité que ma question dans sa brutalité m'aurait conféré. Je crus Ornella troublée.

— Mon Dieu, je ne sais pas… L'aurais-je déjà rencontrée ?

Son regard se fit si profondément interrogateur que je perdis ce peu d'arrogance que je m'étais trouvé avec la soudaineté des timides ou des adolescents.

— Je croyais. Je… Vous vivez toujours à l'hôtel, votre mari et vous ?

— Non, pas toujours.

Que dire encore ? Ne devais-je pas m'excuser d'avoir été indiscret peut-être ? J'étais à la torture. Heureusement la danse prit fin et Ornella, après m'avoir remercié d'une courte révérence de comédie, s'en alla rejoindre un groupe de femmes et d'hommes surtout qui riaient, tandis que maman imitait pour la galerie les poses déhanchées de Marlène Dietrich. Un tabouret et un chapeau claque, dénichés je ne sais où, lui servaient d'accessoires. On entendait :

— Vous la valez ! Vous êtes mieux !

— Elle, au moins, est encore comestible, dit un homme en aparté.

J'acceptai la coupe de champagne qu'un jeune homme, dont j'avais entendu parler comme du « mignon de la maison », me tendit en souriant. Il devait avoir trois ou quatre ans de plus que moi, à peine, mais son aisance me parut désirable. J'enviai son sourire qui lui donnait l'air de se moquer de tout, non pas à la manière désinvolte que j'avais cru remarquer chez Wieland, mais de façon plus froide et définitive. Des yeux noirs, inexpressifs, parachevaient le sourire légèrement de côté. Ce jeune homme se proposa de me tenir compagnie. Je me sentais à mon grand regret un peu brouillé, les jambes faibles, mais je laissai remplir mon verre à plusieurs reprises et je m'étonnai de m'entendre rire. La foule autour de nous s'animait de plus en plus. Au petit orchestre à cordes avait succédé un groupe « moderne » et aux valses des rock and roll.

Mon compagnon appuyait ses lèvres contre mon oreille sous prétexte de me parler des invités qu'il raillait. Je riais de plus belle et m'entendais rire. Je me voyais même et me déplaisais. Il allait bientôt être minuit. Comme on criait ! Que de bouches s'ouvraient pour crier, boire, manger encore ! Que de gestes étranges ! Le jeune homme au sourire oblique se mit à transpirer, des gouttes de sueur perlèrent à ses tempes. Il me tenait la main comme pour me guider. On éteignit les lumières. Une bouche se pressa contre la mienne et quelque chose de mouillé et de chaud, que j'hésitais à reconnaître (on ne s'embrassait pas à Antoine), tenta d'entrouvrir mes lèvres, y parvint. Un corps musclé se colla au mien et une main, fourrée dans ma braguette, pressa mon sexe que je m'affolai de sentir se durcir. Cela dura une minute au plus, durant laquelle éclatèrent des rires, des bravi, des applaudissements. Des serviteurs, portant des candélabres et devançant un énorme gâteau neigeux, firent leur entrée. La lumière électrique s'ajouta aux flammes des bougies et je me retrouvai, chancelant, près d'une colonne en stuc que j'étreignis par peur de tomber. Mais je tombai quand même et ce fut le vide.

Je vomissais dans les waters, fermement maintenu par des bras d'homme en chemise blanche. Je tremblais de tous mes membres, quoique je fisse un réel effort pour me calmer. J'entendis l'homme me dire :

— Cela ira maintenant, il faut t'allonger.

Il m'aida à faire quelques pas. Je m'allongeai sans ouvrir les yeux. Je tremblais toujours, j'avais froid, horriblement, et je sentis qu'on me couvrait d'un tissu souple, mi-laine mi-soie. J'eus la certitude à ce moment que l'homme qui me soignait était mon grand-père, soudain familier, et je cherchais à m'expliquer sa présence. Car j'étais à ce point troublé que j'avais oublié sa mort et que tenter de donner un sens à son intervention ne me paraissait pas absurde. Il était là, mais comment ? J'ouvris les yeux et je vis le visage de Wieland penché sur le mien. Il émanait de lui un grand calme qu'un parfum de lavande anglaise parachevait. J'étais couché sur une étroite banquette de velours rouge dans une antichambre, un coussin sous la nuque, couvert jusqu'aux épaules de la veste de smoking de Wieland qui, en chemise, les manches retroussées, était assis à mes côtés. Je constatai, comme si cela devait avoir une très grande importance pour moi, qu'il avait les cils noirs et les sourcils également plus foncés que la mèche de cheveux qui retombait, blonde, en désordre, sur son front. Il parla :

— Le champagne est un vin traître ; et cette chaleur...

— J'ai honte, murmurai-je en retenant à grand-peine des pleurs.

— De quoi ? De ne pas avoir un estomac de noceur ? D'être très jeune, si jeune qu'on dirait un petit garçon déguisé en homme, égaré parmi des gens plus célèbres que recommandables ?

Il rit comme pour lui-même.

— J'ai gâché votre fête.

— Quelle fête ? Ces soirées sont aussi stupides que vaines. Grâce à toi, j'ai réussi à semer une femme qui me racontait Dieu sait quoi et je crois qu'à cet instant l'un ou l'autre jeune homme plein d'avenir me cherche pour connaître enfin mon opinion sur le général de Gaulle. Merci, je me passe de telles fêtes.

— Vous dansiez...

— Tout le monde danse, trop de monde. Veux-tu connaître mon plus beau souvenir de réveillon ? Cela se passait dans une grande maison fort sévère, des fenêtres de laquelle on devinait dans la nuit l'océan. Il neigeait sur les vagues. Ornella faisait son plus beau regard. Tu sais, ce regard d'étrangère. Car partout Ornella est une étrangère, attentive aux mots échangés qu'elle ne semble connaître, reconnaître, que par instinct, par miracle. Un vieil ami, enfin pas si vieux, jouait d'un bel instrument qu'il avait apporté de son pays. Et Ornella, Ornella... C'est très difficile de parler, tu ne trouves pas ?

Il rit à nouveau de ce rire si différent de celui qu'il laissait éclater en public, un rire doux qui faisait penser à Ornella.

— Il me semble qu'on va mieux ? Il va falloir s'en retourner à « la fête », comme tu dis.

— Je ne veux pas.

— Pourquoi cela ?

Et se détournant de moi, Wieland déplia ses manches de chemise et réajusta des boutons de manchette, face à un grand miroir dont la moulure dorée encadrait son reflet apparemment indifférent. J'étais partagé entre mon désir d'attacher mon attention à l'un ou l'autre des deux hommes — celui du miroir et celui de dos — à peine plus réels l'un que l'autre, qui tous deux avaient parlé de la même voix :

— Pourquoi cela ? Tu sais, Eric...

Comme j'eus le sentiment alors que Wieland était double, lointain dans le tain du miroir pour moitié, et détourné de moi pour l'autre. Je me sentis abandonné, jugé peut-être... Mais les deux images se rejoignirent et, se confondant, s'approchèrent. Elles me rendirent Wieland... L'autre Wieland, celui qui m'avait fait penser à mon grand-père parce qu'il employait le même parfum, peut-être... Un troisième Wieland qui n'existait que pour moi.

— Je disais que tu sais, oui, tu le sais certainement, que tôt ou tard il te faudra rejoindre la fête, celle-ci ou une autre. Tu n'y peux rien. Nous n'y pouvons rien. Nous sommes ainsi faits. La solitude, fût-elle partagée, n'est pas notre état naturel. (Il rit.) C'est une trêve et bientôt une condamnation. Tu comprends cela, j'en suis certain. Allons, viens. Donne-toi un coup de peigne.

Il enfila son veston de cette manière désinvolte qui était déjà la sienne au seuil d'une véranda-restaurant ajoutée à un palais italien où j'avais eu dix ans un été. Et il n'en savait rien, sans doute. Il rit une dernière fois de son rire secret en me tendant un peigne gainé de cuir verni. C'était un rire qui me poussait dans le dos et m'accompagnait, de loin.

Je vis encore Ornella et Wieland dans les premiers jours de cette année 1967, mais toujours très peu de temps, entre deux ascenseurs ou au bar de la rue Cambon. Leur gentillesse à mon égard était évidente bien que peut-être trop mondaine. Je les trouvais lointains. J'étais embarrassé de ma personne surtout, le collégien se dépouillait lentement au profit du nouveau jeune homme doré. Une dorure fraîche et fragile.

Ornella me souriait, muette, en tailleur noir. Un tailleur dont je m'inquiétai soudain de savoir en quoi il pouvait être fait.

— Qu'est-ce que cela peut te faire ? s'interrogeait maman, car elle n'attendait pas de réponse. Elle ne m'écoutait jamais.

— Quel drôle de garçon, se mettre dans tous ses états pour un tailleur d'ottoman de soie !

J'achetai bientôt, sans rien en dire à maman, un coupon de soie noire dans lequel je n'ai jamais osé couper, mais que je caressais, émerveillé de tant de simple somptuosité dans un tissu. Devant cette pièce d'étoffe étalée sur mon lit, je n'imaginais pas quel serait mon avenir professionnel ni comment concrétiser la vision d'un tailleur qu'Ornella seule savait porter. Une sorte de secret dont je lui enviais la possession ainsi qu'à Wieland celle... Mon Dieu, Wieland ne devait jamais avoir l'impression de posséder quoi que ce soit, même un vêtement.

Je vis défiler des tailleurs noirs dans mon sommeil, je les découpais, les retournais et me demandais, angoissé, ce qu'un drôle de garçon comme moi pourrait faire d'un tailleur d'ottoman.

Je décidai enfin de devenir couturier comme Balenciaga qui, disait-on, avait toujours préféré le noir aux autres couleurs. Comme moi ! Un après-midi je tachai de sperme le tissu en songeant à Ornella et Wieland enlacés.

Je ne les vis pas partir et lorsque j'appris que les Randorff nous avaient faussé compagnie, sans nous avertir, comme à leur habitude, je pris la chose avec une apparente indifférence. Avais-je saisi le secret de Wieland ? Au moins sa surface.

Je fis vers cette époque un cauchemar qui se répéta quatre ou cinq fois. Je circulais dans une ville déserte et au détour d'une rue j'étais bousculé par un homme qui ressemblait à Wieland, mais durci et vieilli. Je criais son nom. Il avait disparu. Alors Ornella me souriait et me disait que j'avais tué Wieland. Je protestais en tendant les mains. Et tandis qu'Ornella se détournait de moi, son tailleur noir taché, je sanglotais. A cet instant, je me réveillais, une écume blanchâtre sur le ventre. Je m'étonnais de voir l'aube dessiner les contours de la garde-robe face au lit et je me rendormais, hâtivement essuyé aux draps, avec le sentiment d'avoir commis une faute horrible que je ne m'expliquais pas. Cela surtout était horrible.

Yves-William DELZENNE

Monk

Extrait de *Monk*, roman policier, Delperdange, Le Cri.

Et soudain, j'ai eu l'impression que Victor m'avait oublié. On était installés à la terrasse du *Central*. Il regardait la table, mais ses yeux restaient dans le vague. J'ai bu une gorgée de bière, lentement, et il m'a observé comme s'il ne me connaissait pas. Puis, il a remué la tête.

— Je vais y retourner, Monk.

— Fais pas ça, Victor.

— Si. Il faut que j'y retourne. C'est le seul moyen. Je dois la retrouver, tu comprends.

— Ce que je comprends, c'est que cette fois-ci, ils ne vont pas hésiter à te démolir, quand ils te verront là-bas.

— Je dois la retrouver, a dit Victor.

Et il s'est levé sans même terminer sa bière. J'ai séché la mienne d'un trait, et je l'ai suivi. Il avait déjà pris deux bons mètres d'avance. Il avait l'air décidé. Je lui ai crié de m'attendre, en me demandant ce que j'allais bien pouvoir faire s'ils se mettaient en tête de vraiment l'amocher, cette fois-ci.

Je me souvenais des types qui travaillaient pour Sanders, des brutes qui faisaient le service d'ordre pour lui, du temps où j'y allais. Ça n'avait pas dû beaucoup changer depuis lors, au *Bamboo Bar*.

J'ai jeté un coup d'œil aux fenêtres du troisième, celles qui se trouvent juste au-dessus du *Café Central*. C'est là que j'habite depuis plus d'un an, avec Florence. On voyait de la lumière, elle devait m'attendre. J'ai eu envie de faire demi-tour et d'abandonner Victor à ses problèmes, puis je me suis mis à marcher un peu plus vite pour revenir à sa hauteur. Le moins que je pouvais faire, c'était de l'accompagner se faire démolir au *Bamboo.*

J'ai encore essayé de le faire changer d'avis, alors qu'on traversait la place de l'Odéon.

— Tu ne trouveras rien là-bas, Victor. Elle a dû déménager, depuis le temps... Peut-être même qu'elle a changé de ville. Ils ne l'ont plus vue au *Bamboo.*

— Elle m'a envoyé une lettre.

— Une lettre ! Une lettre. Si on veut. Elle date un peu, ta lettre, non ?

— Je n'étais pas chez moi, je te l'ai dit.

Il s'est arrêté et s'est tourné vers moi, en me prenant le bras, à l'endroit où il y a le plus de chair.

— Elle a besoin d'aide.

Je ne me souvenais plus de ce geste qu'il faisait toujours. Ça m'est revenu d'un coup.

— Ça s'est peut-être arrangé depuis, qu'est-ce qu'on sait ?

— Alors, explique-moi pourquoi ils m'ont jeté dehors hier soir.

En disant cela, il m'a lâché et s'est remis en marche.

Sanders ne l'avait pas seulement jeté dehors. Ses videurs avaient apparemment propulsé Victor sur le trottoir. Sa joue droite avait raboté le ciment, et présentait maintenant une vilaine écorchure cramoisie.

On a pris le boulevard Saint-Michel. Les terrasses étaient bourrées de monde. Les gens faisaient quelques mètres et s'affalaient sur les chaises libres. Ils avaient tous l'air de boire des boissons bien fraîches, tandis que je suivais Victor qui m'avait complètement oublié, ne pensant plus qu'à cette fille qui avait disparu, et qu'il croyait retrouver grâce à Sanders. La température dépassait les trente degrés, à plus de dix heures du soir.

Arrivé devant l'entrée du *Bamboo,* Victor a ralenti son allure. Il paraissait avoir doublé de corpulence depuis que je ne l'avais plus vu. Ça faisait plus d'un an qu'on avait perdu le contact, lui et moi. Il n'avait pas encore eu le temps de m'expliquer ce qu'il était devenu. Il avait débarqué chez moi la veille, comme si on ne s'était jamais quittés, et depuis, il n'avait fait que me parler de cette fille. Elle avait écrit pour lui demander de l'aide.

J'ai jeté un coup d'œil à la façade du *Bamboo Bar*. Elle était coincée entre un cinéma et une maison apparemment déserte. Le néon n'était pas allumé, et il fallait donc être très attentif pour apercevoir la porte à deux battants, peinte en bleu sombre, et qui était fermée pour l'instant. Tout paraissait sans vie. Je me suis tourné vers Victor.

— Ils ne te laisseront pas entrer. Ils ne te laisseront même pas approcher. Ils vont te reconnaître, c'est forcé. Ils n'ont pas perdu la mémoire depuis hier.

Victor a sorti un paquet de cigarettes, en a saisi une par le filtre, et l'a allumée. On se faisait plus ou moins bousculer à tout moment, tellement les gens étaient nombreux sur le trottoir, qui riaient et qui discutaient entre eux.

— Tu crois ? a fait Victor. Oui. C'est vrai, tu as raison. Je ne pourrai pas lui parler.

— Ça m'en a tout l'air. (Je commençais à croire qu'il devenait raisonnable.) Allez, viens, on rentre. On va boire un verre au *Central,* et tu me raconteras ce que tu es devenu.

— Ils ne me laisseront pas entrer, moi, a dit Victor.

« Non, pas toi, ai-je pensé. Pas toi. »

— Ne me mêle pas à cette histoire, Victor. Je n'ai rien à voir avec ça. Je t'ai accompagné jusqu'ici pour te faire plaisir, mais pas question que je me fasse casser la figure à ta place.

Il m'a lancé un regard en coin, et s'est mis à sourire. Son sourire.

— Tu peux bien faire ça pour moi, non ?

— Et pourquoi ? Qu'est-ce que je te dois ? Je vais entrer là dedans et ramasser des coups pour te rendre service ? C'est ça ? Tu crois que tu n'as qu'à me le demander pour que je le fasse. Je n'ai pas du tout envie de rencontrer Sanders. Sa tête ne m'a jamais plu, si tu veux savoir. Demande-moi ce que tu veux, mais pas ça. Je n'irai pas me planter devant ces imbéciles pleins de muscles pour qu'ils m'abîment le portrait comme ils ont démoli le tien. Tu ne t'es pas regardé, merde.

Il a attendu que j'aie terminé. Il attendait en silence, planté à côté de moi, et il souriait. Ce salaud avait continué à sourire en m'écoutant. J'avais furieusement envie de l'abandonner là. Qu'il aille se faire tanner pendant que j'avalerais une bière à la terrasse du *Central*.

— Il n'y a pas que toi qui peux m'aider, a repris Victor.

— Ça m'en a tout l'air. Tu ne connais plus personne à Paris.

— Je te connais, toi. Je te connais bien. Ce n'est pas quelques mois qui ont changé les histoires entre nous, Monk.

— Cesse de m'appeler Monk, ai-je dit. Monk par-ci, Monk par-là, j'en ai ma claque.

Juste à ce moment-là, comme si le mot « claque » signifiait mise à feu des pétards, la façade s'est illuminée, et le néon bleu s'est mis à clignoter en cadence. C'était censé attirer les clients.

Victor et moi, on a observé le spectacle pendant une dizaine de secondes. Les lettres du néon remuaient pour nous inviter.

— Il est là, a dit Victor. Sanders est arrivé.

On avait perdu trop de temps, avec cette discussion. Si on était arrivés plus tôt, le *Bamboo* aurait été fermé, et Victor aurait abandonné la partie. Mais maintenant, il était évident que Sanders se tenait à l'intérieur. Le *Bamboo* lui appartenait, et il mettait un point d'honneur à allumer lui-même la façade clignotante. Dans quelques instants, il sortirait pour apprécier l'effet que cela donnait dans la rue. Il faisait ça chaque soir, et ne s'en lassait pas. Victor ne l'avait pas oublié. Je me suis décidé à bouger.

— Reculons-nous un peu. On va aller de l'autre côté de la rue, réfléchir un peu à tout ça.

Victor m'a suivi, et on n'avait pas encore mis le pied sur le trottoir d'en face que j'ai entendu la musique derrière nous.

La porte du *Bamboo* s'était ouverte. J'ai retenu Victor.

— Reste là.

Sanders ne pouvait pas nous apercevoir, avec tous ces gens qui déambulaient sur les trottoirs. Il a fait cinq ou six pas devant le *Bamboo,* l'air extrêmement satisfait de lui. L'air un peu idiot, aussi. Mais on était un peu loin, il faut bien l'avouer, pour apprécier ce mélange subtil de satisfaction et de stupidité qui caractérisait Sanders. Tout le monde l'appelait comme ça, depuis qu'il avait épousé Elizabeth Sanders, la propriétaire en titre du *Bamboo* et qu'il était du même coup devenu patron des deux, le club et la femme.

Pendant un bon moment, il a admiré la façade du *Bamboo* en se frottant les mains. Quelle que soit l'époque, ou le temps qu'il faisait, il portait invariablement la même tenue : une veste de cuir noir, usée aux coudes et tachée aux épaules, un jean bien ajusté et une chemise au col ouvert. Avec ses cheveux plus ou moins blonds, il espérait faire oublier qu'il approchait de la quarantaine. Je me souvenais du temps où on était là chaque soir, au bar du *Bamboo.* J'avais des choses à oublier à cette époque, alors je buvais jusqu'à ce que ça soit fait. Ensuite, j'avais rencontré Florence. Au *Bamboo,* l'ambiance avait changé à peu près au même moment, comme si les deux événements étaient liés, d'une façon ou d'une autre. Le *Bamboo* restait ouvert toutes les nuits, comme auparavant, mais les anciens habitués n'y venaient plus. En ce qui me concerne, je n'y avais pas mis les pieds depuis des mois.

Sanders a poussé un des battants de la porte du club, et a disparu à l'intérieur. J'ai essayé de raisonner Victor, une dernière fois.

— Ecoute, je ne sais pas ce qui s'est passé dans sa tête, mais ce qui est sûr c'est qu'il n'a plus très envie de te voir, ni de t'entendre lui poser des questions. Tu me dis que c'est tout ce que tu as fait hier soir, je veux bien te croire.

— C'est comme ça, Monk. Je lui ai demandé où elle était passée, et s'il pouvait me dire où la joindre. Rien que ça, je lui ai juste posé cette question-là.

— C'est bizarre.

— Tu trouves ?

— Ça cache quelque chose. Qu'il t'ait fait jeter dehors pour ça.

— Tu ne me crois pas ?

— Mais si. Ça ne veut peut-être rien dire. Un autre truc a pu l'énerver. Tu as dû débarquer au mauvais moment.

— Je ne pense pas, a fait Victor très sèchement.

— Tu lui as parlé de la lettre ?

J'espérais gagner du temps. Il restait une chance pour que Sanders s'en aille, une fois son boulot d'inspection terminé, boulot pas très compliqué. Il ne reviendrait que pour emporter la caisse, vers quatre, cinq heures du matin.

— La lettre ? Bien sûr que je lui ai montrée, a dit Victor. Je voulais même qu'il la lise. Mais il s'est contenté de la chiffonner et de me la lancer à la tête.

Il a sorti l'enveloppe de la poche de sa veste. Il portait lui aussi ce genre de blouson usé. Il a ouvert l'enveloppe et m'a montré la feuille de papier froissée à l'intérieur. J'avais lu cette lettre la veille, pendant qu'il essayait de m'expliquer. Il était question d'une certaine Martine, qui le suppliait quasiment de la sauver d'une mort atroce. Ça paraissait un peu exagéré. Elle ne précisait pas dans quels ennuis elle s'était fourrée. Tout ce qui était clair, c'est que c'était urgent. Il est vrai que si j'avais reçu une lettre comme celle-là, je n'aurais pas hésité.

— Si tu étais venu avec moi hier, a fait Victor, il n'aurait peut-être pas osé nous foutre à la porte.

— Dis tout de suite que c'est de ma faute.

— Maintenant, je suis coincé, Monk.

— Comment est-ce que je pouvais deviner que ça allait mal tourner ? Tu ne m'avais rien dit de tout ça.

— Tout quoi ?

— Je ne sais pas. Tu devais bien t'attendre à un truc du genre.

C'est vrai qu'il m'avait demandé de l'accompagner la veille, mais je n'avais pas saisi en quoi je pouvais l'aider. J'avais refusé et il était parti seul.

— Bon, a dit Victor. Qu'est-ce qu'on fait maintenant qu'on

est ici ? Tu viens avec moi ?

— Tu veux vraiment y retourner ?

— Bien sûr. Je suis venu pour ça.

J'ai soupiré.

— Attends une seconde.

— Si tu préfères rester ici, a dit Victor, je ne t'en voudrai pas.

— Salaud.

Il a fait mine de traverser la rue.

— C'est bon, ai-je dit pour l'arrêter. Je vais y aller. Je vais lui demander. Mais je te préviens…

— Oui ?

Il est revenu à mes côtés. Il souriait. Juste un peu, n'empêche qu'il souriait sans parvenir à le cacher.

J'avais presque envie de le frapper.

— Je te préviens que s'il commence à s'exciter, je file en quatrième vitesse. Je ne tiens pas à avoir une tête grosse comme ça pendant une semaine. J'ai du boulot. Trois articles pour lundi. T'as compris, Victor ?

— Je savais bien que je pouvais compter sur toi, Monk.

Il a avancé la main pour me saisir le bras. J'ai fait un bond et j'ai foncé vers l'entrée du *Bamboo.*

— Demande-lui simplement où tu peux trouver Martine, a encore crié Victor.

Je l'ai ignoré magnifiquement. Je traversais la rue. Je m'en voulais déjà d'avoir accepté. Il m'avait pris à son piège de l'amitié, et tout ça. Je me suis demandé, en serrant les mâchoires, si c'était risqué à ce point d'aller poser quelques questions à Sanders. Vu d'une certaine façon, ça paraissait anodin. Sanders n'était pas un ogre. J'avais fait des choses beaucoup plus dangereuses au cours de mon existence. Comme aller pisser au *Café Costes.* Dans les cuisines.

J'ai poussé la porte du *Bamboo.* A l'intérieur, sur la droite, se trouvait une espèce de guichet que je ne connaissais pas, garni d'une vitre bleutée, avec une fille derrière occupée à compter des tas de pièces en souriant. Je me suis avancé dans ce petit vestibule, en contemplant le nouveau décor. Ils avaient peint des étoiles et des planètes en révolution, partout où on pouvait poser les yeux, jusque sur la porte qui menait au bar. Celle-là était restée pareille, je la reconnaissais, mais tout le reste avait changé d'aspect. On entendait la musique épaisse provenant de l'intérieur. J'ai fait un petit signe à l'adresse de la fille. Elle continuait de compter sa monnaie et n'a même pas levé la tête dans ma direction. J'ai tiré la porte vers moi, pour pénétrer dans le bar. Un type est apparu derrière et s'est avancé à ma rencontre. Un type costaud.

— Vous êtes membre ?

Il était tout à fait chauve, et son crâne luisait comme s'il venait de l'astiquer à la cire. Le gars souriait. Il m'a obligé à reculer dans le vestibule, en m'empêchant d'entrer plus avant, et il a refermé la porte du bar. La fille derrière le guichet bleu s'est mise à rire doucement.

J'ai regardé le grand costaud par-dessous son menton lisse, et j'ai dit :

— Je voudrais juste dire un mot à Sanders.

— Ah bon, a dit le costaud sans cesser de sourire.

— On se connaît. On se connaît depuis longtemps.

— Il connaît beaucoup de monde.

Il a haussé les épaules pour ponctuer sa phrase. Ça a provoqué un nouvel éclat de rire chez la fille. Je me suis retourné, elle souriait. Sanders avait engagé une équipe de sourieurs béats.

J'ai insisté.

— Oui, je sais, il doit connaître pas mal de monde. Mais ce n'est pas pareil. On était ensemble, lui et moi. Enfin… plus ou moins. Vous me comprenez ?

Le costaud a fait non de la tête. Il ne comprenait pas.

— C'est trente francs l'entrée, a dit le gars qui brusquement ne souriait plus. Vous restez une heure ou une seconde, je m'en tape.

J'ai réussi à me retourner vers la fille avant qu'elle se mette à glousser. Ça m'a fait plaisir de constater que mes réflexes ne s'étaient pas émoussés. Je suis revenu au portier.

— Ecoutez, je ne… . .

— Pas envie de t'écouter, a dit le colosse. C'est facile a piger : tu paies, tu entres. Tu paies pas, bonsoir.

Il s'est carré devant la porte. J'ai enfin compris ce que signifiait cette expression imagée. En croisant les bras, il a réellement paru carré. Et un peu plus costaud encore. Je ne me souvenais pas qu'il existait autant de muscles différents dans un corps humain. Ou bien j'avais affaire à un mutant. Soudain, je ne sais pas ce qui m'a fait penser à la carte. Quand je venais chaque soir au *Bamboo,* une des serveuses m'avait offert une carte de membre, un peu avant que l'ambiance se déglingue et que j'abandonne l'endroit. J'ai sorti mon portefeuille. Avec un peu de chance, la carte s'y trouverait encore.

Pendant que je fouillais, le costaud a dit :

— Eh bien voilà, t'as saisi la manœuvre.

La fille a ri. Leur numéro était au point. Il ne manquait plus qu'un imprésario. J'ai fini par dénicher la carte. Un peu pliée, d'être restée coincée des mois sans bouger. Je l'ai tendue au type, qui l'a prise en faisant la moue. Ça lui donnait l'air très futé d'une tranche de veau.

Il a lu la carte recto verso, puis a déclaré :

— Plus valable.

Et il l'a déchirée en deux puis en quatre morceaux entre ses gros doigts boudinés.

La guichetière a failli s'étouffer de joie. Je me suis souvenu à temps de ma taille modeste : 1 mètre 68. C'est beau la lucidité.

— C'est bon, ai-je dit, n'insistons pas.

J'ai attendu une seconde en silence, mais la fille n'était apparemment pas programmée pour pouffer quand c'était moi qui parlais.

— Ce serait vraiment trop vous demander d'aller chercher Sanders ? Je sais qu'il est là, je viens de l'apercevoir dehors il y a quelques minutes.

Le colosse restait pensif. Il comptait ses biceps.

— Dites-lui que c'est Frédéric. Ou plutôt, non, dites-lui

Monk… Dites-lui que Monk voudrait lui parler. Vous vous souviendrez ? Monk.

Le portier allait répondre. Sans doute une autre de ses réparties cocasses dont il avait le secret. C'est alors que les deux battants de la porte de rue se sont ouverts avec fracas. Je me suis retourné. Deux types ont fait irruption dans le vestibule du *Bamboo*. Ils avaient le crâne rasé eux aussi, et portaient des lunettes foncées qui leur cachaient les yeux. Le plus petit s'est avancé vers nous, tandis que l'autre fermait les battants de la porte. Le portier a fait un geste, sans doute pour demander aux deux nouveaux leur carte de membre. Le petit rasé n'a pas sorti sa carte, mais a enfoncé au beau milieu du ventre du portier le revolver noir et brillant qu'il tenait en main. Puis il y a eu un bruit assourdissant. Le type avait tiré.

La balle lui est entrée dans le ventre, et le costaud a fait un bond en arrière à cause du choc. Un jet de sang foncé a giclé aussitôt, comme d'un tuyau percé, et a arrosé le sol devant moi. J'ai senti mes jambes se plier aux genoux, de la même manière que si on venait de leur donner un coup par l'arrière. Le petit rasé a ignoré le portier qui s'agitait, et s'est amené vers moi. Il ajuste fait un pas, et m'a plaqué contre le mur décoré d'étoiles, d'un coup de sa main gauche à plat. Dans l'autre, il tenait toujours le revolver. Ma nuque est venue cogner le crépi et j'ai poussé un cri. Ça m'a fait mal, très vite.

— Qu'est-ce tu fous là ? a dit le tueur.

Il a tourné la tête vers l'autre, qui tenait la porte fermée. Le portier, étendu sur le sol, les mains crispées sur le ventre, semblait vouloir empêcher son sang de s'écouler à flot, mais il n'arrivait qu'à s'en mettre un peu partout. Déjà son visage baignait dans une flaque sombre.

— Qu'est-ce qu'on fait ? a demandé le petit rasé.

— Il faut qu'on se tire d'ici, a dit l'autre.

— Et celui-ci ?

J'avais les yeux fixés sur son poing, serré autour du revolver. Quand il l'a levé vers mon visage, je n'ai pas compris. Je m'attendais à ce qu'il tire. Puis j'ai senti la crosse métallique qui s'abattait sur mon nez, avec un bruit d'os qui se brise. Je me suis écroulé sur le sol, en me protégeant le visage avec ce qu'il me restait de réflexe. J'ai ouvert grand la bouche, pour aspirer un peu d'air. Mon nez ne pouvait plus me servir à respirer. J'avais l'impression qu'il ne pourrait plus jamais me servir à rien, il était devenu comme de la bouillie. Je n'osais même pas me rendre compte avec les doigts, tellement la douleur était puissante. J'ai compris deux choses d'un coup : d'une part que je m'étais roulé en boule en tombant par terre, et d'autre part que je n'avais pas cessé de crier depuis qu'on m'avait frappé. J'ai essayé d'arrêter, et au même moment j'ai entendu un bruit, une porte qui claquait, au travers du vacarme que faisait mon sang dans mes veines, et que je n'ai saisi qu'alors. On aurait dit que je me trouvais au-dessus d'un torrent de montagne, occupé à contempler les flots de liquide en furie. Puis, au bout de je ne sais combien d'heures, j'ai senti qu'on m'agrippait sous les bras, et instinctivement j'ai fait comme si j'étais déjà mort, pour ne plus recevoir d'autres coups.

— Viens, a dit une voix, viens.

Ensuite j'ai entendu des cris. Peut-être était-ce encore moi qui hurlais. Mais il y avait trop de voix mélangées. J'ai été emmené dehors. Il avait dû se passer quelque chose d'étrange avec mes jambes, parce que je ne les sentais plus du tout. J'avançais à l'allure d'un escargot, ou plutôt d'une limace, puisqu'on avait cassé ma coquille. J'ai ouvert mes yeux de limace, au bout de mes antennes, pour la première fois depuis que j'étais mort, et j'ai aperçu Victor. Il occupait tout l'espace, avec juste un peu de ciel noir sur les côtés. J'avais la tête coincée sous son épaule.

J'ai essayé de dire : « Je vais te mettre du sang partout », mais je ne suis arrivé qu'à bredouiller de façon grotesque. Peut-être que j'avais les dents cassées. J'ai fait jouer ma langue à l'intérieur, pour vérifier.

— Mettons-nous là, a dit la voix de Victor.

Quand j'ai ouvert les yeux à nouveau, j'étais assis sur un banc.

— Si j'avais su… disait Victor.

De quoi parlait-il ? J'avais trop à faire avec mon nez et ma bouche pour l'interroger. Il m'a essuyé le visage avec un mouchoir humide. Quand il a touché la racine de mon nez, j'ai poussé un gémissement.

— C'est là qu'il t'a frappé ? a dit Victor.

J'ai acquiescé. Du moins, j'ai tenté de le faire en agitant la tête.

— Bouge pas. Je vais arranger ça. Bon dieu, espèce de foutus… C'est pas trop grave, on dirait. T'as juste reçu un coup un peu fort.

J'ai réussi à articuler :

— Ce qu'on dit.

— Quoi ?

J'ai aspiré profondément par la bouche, puis j'ai lâché d'une traite :

— C'est toujours ce qu'on dit.

— Non, a fait Victor. Le nez, on ne croirait pas, ça saigne toujours beaucoup. C'est plutôt spectaculaire. Tu as mal ailleurs ?

— Non.

J'ai soupiré. Je savais encore soupirer, alors j'en ai profité. Ça faisait du bien.

— Mais qu'est-ce que c'était que ces types ?

— C'est toi qui étais là-dedans, Monk, pas moi. Tu as dû voir ce qui est arrivé, non ?

— Toi qui parles de trucs spectaculaires.

J'ai voulu mentionner la détonation, le bruit de la balle qui s'enfonce, et le sang qui gicle. Je ne savais pas par quoi commencer. Avec beaucoup de précautions, en avançant lentement les doigts, j'ai tâté l'espace meurtri entre mes sourcils. J'ai grimacé. Ça saignait encore le long de mon nez.

— Ne touche pas, a dit Victor. Tu crois que tu peux marcher maintenant ? Parce qu'il ne faudrait pas qu'on s'attarde dans le coin.

Je me suis mis debout. J'étais couvert de sueur, dans le dos et sous les bras. Victor me soutenait, pour m'aider à avancer. Je me suis dit qu'il fallait que je lui explique.

— Ils ont descendu le portier.

C'était le seul élément clair que je possédais.

— Ah bon, a fait Victor.

— Ils étaient deux, c'est le plus petit qui a tiré.

— Tu pourrais les reconnaître ?

— Oui. Je pense. Pourquoi ?

— Rien.

— Ils étaient tout à fait chauves, et ils portaient des lunettes noires. Tu vois le genre ?

— Espèce de salauds, a fait Victor. Espèce de foutus salauds.

— Tu les connais ?

— Je m'en veux de t'avoir embarqué là-dedans, Monk. Tu ne peux pas savoir comme je m'en veux. Je n'aurais jamais dû te demander ça.

— Mais qu'est-ce que tu racontes ? Tu ne pouvais pas deviner.

— C'est des dingues, Monk. De vrais dingues. J'aurais mieux fait de te prévenir. Mais tout ça, c'est fini.

Il m'a souri.

— On va rentrer chez toi pour soigner ta blessure.

— J'aimerais bien qu'on m'explique, ai-je dit. Tu les connais ? Qui sont ces types ?

— Il est préférable que tu n'en saches pas trop, a dit Victor. Tu as bien vu qu'ils étaient dangereux. Nom de Dieu, ils auraient pu t'envoyer une balle dans le ventre, à toi aussi. J'aurais dû te laisser en dehors.

— Et ta Martine ?

Il m'a empoigné le bras.

— Tu lui en as parlé ?

— A qui ? A Sanders ? Je n'ai même pas eu le temps de le voir. Le portier m'empêchait d'entrer.

J'ai attendu une seconde avant de continuer. Victor m'observait.

— Je me demande s'il est mort, ai-je dit enfin.

— Quand je suis entré, il ne bougeait plus.

On a marché quelques instants en silence. Je retrouvais mon équilibre. Les gens qu'on croisait n'avaient pas l'air de s'apercevoir de mon front ensanglanté.

— Ne t'occupe plus de ça, a repris Victor. Fais comme si je ne t'avais parlé de rien. Tu n'as jamais entendu parler de Martine, ni de rien. A la limite tu ne m'as même pas vu ces derniers temps. C'est trop risqué, beaucoup trop risqué. J'aurai dû m'en rendre compte plus tôt. C'est de ma faute ce qui est arrivé. Je n'aurais pas dû t'embarquer dans cette histoire.

— Mais de quoi est-ce que tu parles ?

On arrivait rue Crébillon. Le *Central* n'était plus très loin, et mon appartement au-dessus, où Florence m'attendait. Victor m'a saisi le bras à nouveau, à hauteur du coude.

— Ecoute, Monk. Tout ce que je t'ai dit est vrai. Il faut que je retrouve Martine rapidement. Sans ça, c'est eux qui vont mettre la main sur elle. Et je ne donne pas cher de sa peau si ça arrive.

On est entrés au *Central*. Le barman, Michel, m'a lancé un regard étonné. Il n'avait pas l'habitude de me voir avec le visage couvert de sang. Je me suis examiné dans le miroir qui court sur les murs, en guise de frise décorative. C'est vrai que je n'apparaissais pas sous mon meilleur jour.

— Ta Martine a un rapport avec le meurtre du portier, c'est ça ? Elle est dangereuse, dis donc. Qu'est-ce que c'est que cette fille ?

— Je ne te l'ai pas dit ? a fait Victor en s'asseyant. Martine, c'est ma grand-mère.

DELPERDANGE

J'adore les îles, moi !

Extrait de *Le Voyage aux Iles Galapagos,* roman, Eric de Haulleville, Le Cri.

C’est rare qu’on s’y rende du Havre

— Vous êtes seul, prenez le gouvernail, me souffla une forme longue et mince que je reconnus aussitôt pour celle d’un original que tout le monde à bord appelait Jack, était-ce son nom ?

Et sans songer à ce qu’avaient d’insolite ces paroles je répondis.

— Mais je n’ai jamais conduit de navire.

— Dépêchez-vous de prendre la barre et redressez le sabot. Il abat sous le vent.

J’imprimai un brusque mouvement au cargo. Il se souleva pour piquer du nez. Je fus pénétré d’eau.

Je me retournai vers Jack. Il avait disparu. Où était le capitaine ? Les hommes ? Le cuisinier ? Miserere, notre chien ?

Je hurlai : « A moi, à moi, au secours ! »

Le vent abattit encore le vapeur que je redressai avec autant de violence.

Désormais, je ne lâchai plus le gouvernail donnant des coups de barre un peu à l’aveuglette, satisfait de voir mon bateau filer parfaitement. J’en profitai pour descendre dans la cale retrouver, pensais-je, mes compagnons Dieu sait pourquoi disparus si subitement et occupés à quoi ? Je ne rencontrai âme qui vive. Je crus entendre le gémissement de Miserere. C’était une poulie qui criait dans les agrès. Partout où je portais mon regard je ne vis rien sur l’Océan sinon quelques oiseaux des mers décrire un vaste cercle et s’éloigner du navire. J’étais seul.

Un mois plus tôt j'avais accepté d'accompagner mon ami le capitaine Boutarel, à bord de *La Glavane*. Il se rendait aux îles Galapagos. Il m'avait dit : « C'est rare qu'on s'y rende du Havre ». Séduit par l'étrangeté de la phrase, du fait, et le cœur encore vague de l'abandon d'un ami, je résolus de le suivre. C'était ma première traversée et je me trouvais très ignorant de toutes les choses de la navigation, occupé que j'avais été jusque là de la seule confection des paniers en osier. J'avais su y affirmer une véritable maîtrise. J'étais toujours certain de la vente à « Bernard et Davis », chocolatiers de ma ville natale. Mes loisirs, je les passais à lire les statistiques et les annuaires.

Comment se faisait-il, mon bateau menait vive allure. A vrai dire, je ne me souciais guère dans quelle direction. Peut-être le savaient les aiguilles des beaux instruments à portée de mon œil ? J'étais étonné et ravi de ce que je conduisais mon navire avec aisance, mes gestes d'instant en instant mieux appropriés à la manœuvre.

— Bien, me dis-je, descendons vite jeter quelques pelletées de charbon dans la chaudière.

Désirant gagner la coursive, je ne pus atteindre l'écoutille, heurtant le rebord, et mon front venu violemment s'y ouvrir. Je glissai sur le tillac sans pouvoir me relever. Ma tête résonnait d'un bourdonnement continu. Mes yeux grossissaient et travaillaient à quitter la tête. Or, une ombre se promenait sur le pont. C'était Jack, actif comme toujours. Mais Dieu ! Que faisait-il ? Qu'avait-il jamais fait ?

Ils étaient tous là. Le capitaine Boutarel sur la dunette criait comme il le faisait tous les jours :

— Le point, Magull ! Faites le point ! Et ces îles Galapagos ?

Le second levait un doigt en l'air, comme je l'avais toujours vu faire, pour répondre :

— Capitaine, Dieu sait quand il reviendra. Patience et longueur de temps. Ce n'est pas tous les jours que la lune met ses habits de dimanche.

Les matelots s'affairaient. J'entendais le chauffeur qui

remplissait la chaudière. Tarasse jetait Miserere à la mer et le retirait à l'aide d'une corde qu'il lui avait préalablement passée autour du corps, riant comme un fou et jurant comme un démon. Bancoque offrait de la charcuterie et disait :

— Ce sont les restes de ma petite fille.

Cornebuse et Ricourt étaient bleus de colère et se crachaient à la figure, le premier prétendant que c'étaient réellement là les restes de la petite fille de Bancoque, le second que c'étaient les restes de provisions qu'elle lui avait données au départ. Cornebuse se jetait sur Ricourt et le mordait à l'oreille. Le capitaine les séparait, criant : « A la belote, à la belote ! » et tout le monde jouait aux cartes. A l'écart, Chiendent limait les clous de ses bottes, et Velours le regardait les yeux pleins de larmes. Ils enlevaient leur vareuse, s'embrassaient et se tenaient enlacés. On entendait d'heure en heure le cri du cuisinier, plaintif et lugubre « Madeleine, Madeleine ».

Je voyais, j'entendais. Je ne pouvais pas bouger. Je ne pouvais pas crier. Personne ne faisait attention à moi. Seul, peut-être, Jack m'apercevait. Il se promenait sur le pont, ses mains toujours en mouvement. Mais que faisait-il, que faisait-il ? Quel était donc son emploi à bord ? Et tous, pourquoi reculaient-ils, pleins de respect et craintifs, quand il approchait de vous sa longue figure et qu'il vous soufflait dans le cou et les oreilles ?

Ah ! petite ville natale, pourquoi vous évoquai-je en ce moment avec vos deux tourelles, vos six bastions, votre petit square où se reposaient les vieillards et votre café des *Deux Palmiers* où j'ai passé tant de journées heureuses à lire l'almanach Hachette de 1899 ? Où étaient tout ce bonheur et celui de voir la cousine Berthe se mouillant les pieds le vendredi matin, l'été, dans le petit ruisseau qui mettait en mouvement le moulin du père Boulanger ? Tous les lundis mon père revenait de la campagne, cassait une pendule, déchirait les *Adieux de Napoléon à Sainte-Hélène* et jurait qu'il ne mettrait plus les pieds dans la cambuse. Il me disait : « Va jouer », et il s'enfermait dans sa chambre avec ma mère. « Tu me fais mal », soufflait-elle. Notre servante Lotte ramassait les débris de la chaise, de la pendule, des *Adieux de Sainte-Hélène* et recollait le tout avec application. Zoé, ma jeune sœur, prenait la mayonnaise qu'elle allait manger au jardin. Heureuses et calmes journées !

Jack se pencha sur moi. Il me tâta de ses longs doigts, toute son haleine me mouillant la figure. Je l'entendis distinctement dire : « Il est encore trop gras ».

A son contact, l'horreur courut sur mon corps sans que mes efforts pour me lever pussent même me faire bouger. La chaleur s'accumulait à mes tempes. Mes habits collèrent à mes membres une sueur froide. Et, soudaine, une détente bienfaisante. Les Galapagos m'apparurent pour la première fois. Elles étaient sept. Je me sentis si léger, et l'une d'elles était si élancée que je croyais qu'elle faiblissait. Que la mer était belle et heureuse ! Mais jamais je ne vis une telle réunion de bâtiments : des trois-mâts, des goélettes et jusqu'à de fines balancelles. Des vapeurs. Un paquebot. Une frégate. Et même une couffa en palmier bitumé. Une chébec. Venait-on de tous les points du monde aux Galapagos ? Et qu'y faire ?

Les navires approchaient le hautain archipel. Une brise agréable soufflait. Or, se leva une barre gigantesque. Elle cacha les îles. Rien ne fut jamais aussi brusque. Quelle vitesse n'atteignit pas l'eau ? Pour la fuir les navires tentèrent la manœuvre et dans le désordre et la panique se gênèrent l'un l'autre. La barre courait sus. Ils couraient à la barre, entraînés par le déplacement de l'eau qui creusait la mer. Pas un bâtiment n'échappa. La vague les recouvrit entièrement sans qu'ils paraissent lui être le moindre obstacle. Quand elle eut passé, on ne vit pas de corps humains : les noyés avaient été entraînés. Les épaves les plus considérables sombraient dans des tourbillons d'eau.

Comment avions-nous échappé au désastre ? La barre s'était-elle brusquement arrêtée devant *La Glavane* ? Et ne pas avoir été pris dans les remous ! Je regardai à bord. Pas un de mes compagnons ne semblait s'être aperçu de la catastrophe. Décidément, c'était étrange. Je regardai dans la direction des îles. Il n'y avait que la mer. De nouveau l'angoisse m'étranglait. Quel était donc ce mal dont je souffrais ? Et si j'étais privé de mouvement, mes compagnons étaient-ils privés de conscience qu'ils ne semblaient pas me voir, à l'exception de Jack, ni ce qui se passait d'extraordinaire sur la mer ? Où était Jack ? Pouvait-il donc être l'auteur d'un tel bouleversement ? Jack se promenait nerveusement sur le pont. Il me devenait impossible de le voir encore. Je fermai les yeux.

Je reçus un violent coup de marteau dans la tête. Un sabre me passa à travers le corps. Je me levai d'un bond. Le bateau oscillait légèrement sans avancer. Je courus à l'avant. Je me penchai par-dessus bord. La carène était soulevée hors de l'eau, la quille prise dans le sable. Nous étions échoués. J'étais échoué, car j'étais seul. Certes, je venais d'être réveillé. J'avais dormi depuis combien de temps ? Je bougeais, je marchais avec aisance. N'étais-je pas immobilisé, il y avait à peine quelques instants, sinon quelques jours ? Je portai la main à la tête : quelque chose de visqueux y collait. Je sortis un miroir de ma poche : un caillot de sang ! Je n'avais pas rêvé ni dormi ! Je m'étais bien ouvert le front au rebord de l'écoutille. Je retrouvai des traces de sang jusqu'au bastingage où ma main s'était sans doute retenue un instant. Mais alors de quand datait la disparition de mes compagnons ? Avant ou après l'accident ? Quand donc, avais-je cependant de toute évidence, rêvé ? Soudain je poussai un cri d'horreur. Hors de l'eau, avait émergé la longue tête de Jack. Il riait les dents aiguës. Je fixais désespérément l'eau pour le voir réapparaître. En vain. Sans doute s'était-il noyé ? Et mes autres compagnons avaient déjà dû subir le même sort.

Parfois un réveille-matin trouble le sommeil du rêveur. Il rêve qu'il est dans une grande ville aux trente-six tourelles. C'est un matin de printemps. Toutes les jeunes filles de la ville sont sur une grande place et couronnent de guirlandes de fleurs un veau, qui sait pourquoi ? Des hérauts d'armes s'approchent et vont entonner une sonnerie de trompettes si étincelantes que le ciel va pâlir. Mais un orage crève soudain sur la ville. Il y a une débandade de la jeunesse, tandis que de grandes flammes s'élèvent de bâtiments très élevés, et aux fenêtres apparaissent les gens carbonisés. Les coups de sirène et le tocsin se répondent avec un bruit épouvantable. Enfin, le réveille-matin réveille le rêveur.

C'est sans doute d'un phénomène de ce genre dont j'avais été victime. Je reconstituai ainsi la scène : le navire, chargé de mes compagnons, soudain touche un banc de sable, peut-être un rocher. Une panique s'empare des matelots. Ils quittent le navire comme ils peuvent. Peut-être le choc en a-t-il précipité quelques-uns à la mer ? Moi, il me jette sur le pont et me blesse. Je perds à demi connaissance et rêve. D'abord mille fantasmagories, puis une partie de la vérité : ma blessure, mon immobilisation ; puis encore mille fantasmagories et enfin, je ressens le choc initial qui a tout provoqué. Cela pouvait n'avoir duré que quelques instants. Il était curieux, évidemment, qu'au milieu de mon rêve, j'eusse rêvé être blessé, et non à la fin, après avoir eu conscience du choc, comme si l'on m'eût frappé à la tête d'un coup de marteau. Cette marche que je pensais qu'avait suivie le rêve était-elle plausible, scientifique ? Ne m'étais-je pas réveillé et rendormi ? Et pourquoi l'équipage avait-il quitté si précipitamment le navire ? Que risquait-il ? Pas une voie d'eau ne s'était déclarée. Non, aucun rocher dissimulé. Le vapeur s'était posé sur un banc de sable, bien sagement. Et le canot de sauvetage ? On n'avait pas touché aux amarres qui le maintenaient. Ah ! Je me sentais devenir fou. Je n'y comprenais plus rien. Etait-ce maintenant que je rêvais ? Non, j'avais certainement vu Jack apparaître et disparaître dans l'eau aussi singulier que je l'avais toujours vu à bord.

C'est ainsi que mille idées, mille suggestions, mille désespoirs m'occupaient à peine remis sur pied. En portant encore mes regards aux alentours, je vis à moins d'une encâblure, un rivage, une terre.

C'est là qu'étaient mes compagnons, pensai-je. Tout allait m'être expliqué.

Atlantique, Pacifique, que connaissais-je de ces choses et de la flore et de la faune ?

Je sautai à l'eau. J'abordai bientôt une sorte de petite baie où se perdait dans le sable fin un ruisselet venu de terre. A droite, à gauche de la plage s'entassaient les galets, les débris de roche. Le ruisseau sautait d'une gorge. De chaque côté s'abaissaient des falaises, pas hautes et couvertes d'un beau gazon de livres d'images.

Pour dominer les alentours, je grimpai sur une des falaises, étonné de n'avoir pas déjà relevé de trace humaine sur le sable ou dans l'herbe. Tournant le dos à la mer, je la retrouvai à droite et à gauche. N'étaient les échancrures qu'elle y faisait, le plateau que coupait le ravin, dessinait un demi-cercle. Libre de toute végétation qui ne fut pas de l'herbe. Il s'abaissait en pente douce sur une vallée. S'étalait devant moi le paysage brouillé, le soleil matinal dissipant les dernières brumes montantes. Au-delà se tenaient en amphithéâtre des pics élevés.

Sans nul doute, pensai-je, j'allais découvrir dans la vallée un village, une ville peut-être, où avaient dû se rendre mes compagnons, abordant par une autre baie et trouvant devant eux une route qui les avait menés directement au centre de l'île, — car le pays où j'étais, semblait bien être une île —. J'avais déjà vu l'eau l'entourer aux trois quarts. Les pics plus élevés que je voyais devaient sans doute se terminer abruptement sur la mer. L'île était ronde. J'apercevais maintenant la vallée. Elle n'était pas unique. Séparée par des éperons de montagnes, couronnée de buissons, coupée de cascades. Grosse de bois épais. Onduleuse. Elle soulevait par endroits de singulières petites collines toutes rondes. Mais pas un village, pas une habitation humaine, pas une hutte. Nulle trace d'un sentier quelconque.

Je descendis avec difficulté le versant du plateau envahi par la végétation. Je m'aperçus alors que toutes les eaux venues des montagnes se réunissaient en un ruisseau qui courait à la mer perpendiculairement au ravin et semblait en être indépendant. Je devais découvrir que le ruisseau du ravin et celui de la plaine prenaient naissance à la même source, mais un seul filet d'eau alimentait le ravin profond et large, — alors que le ruisseau de la plaine se gonflait d'une infinité de ruisselets et cascades, et rien n'était plus ravissant que le spectacle de ces eaux rejaillissantes — L'île était fortement inclinée du côté du ruisseau qui donnait sur une baie large et belle, la plus grande que j'eusse vue. Comme je m'en rendis compte par la position du soleil, j'avais abordé l'île par l'Est. La chaîne de montagnes courait de l'Ouest au Sud, déchiquetant bizarrement la plaine. Le Nord comme l'Est étaient occupés par des plateaux que portaient des falaises rompues par endroits.

Je me reposai un instant — car la descente du plateau m'avait épuisé — à l'ombre d'un bois délicieux, écoutant si ne me parvenait aucun bruit. Mais à part l'indéfinissable murmure des herbes, des feuilles et des ailes d'oiseaux de mer, rien ne troublait l'air ni l'agréable chaleur.

De quel calme bienfaisant, je jouis alors ! Quelle heureuse et complète indifférence à mon sort ! Comme je vous chéris, petit bois aux feuilles doucement agitées, aux essences diverses et que je ne connaissais pas. Fou de ruisseau qui courait parmi les folles végétations. Et quel était ce fruit que je cueillis tout en haut d'un fût élancé sur quoi retombaient des panaches de verdure ? J'en brisai la coque épaisse et fibreuse, et avec quelque appréhension, bien vite disparue, j'en bus le contenu laiteux.

Où étais-je perdu, égaré ? Atlantique, Pacifique, que connaissais-je de ces choses et de la flore et de la faune ?

Ah ! bienheureuse ignorance, chers parents qui jamais ne vous préoccupâtes de m'instruire, je vous bénissais.

Aujourd'hui que la triste expérience et mille vicissitudes m'ont instruit et des noms des choses et des causes et des rapports entre les choses et les personnes et les groupes de personnes, que, seul et retiré, je vis avec ma pipe et ma fidèle Louise au poil brun et au fin museau, oublié de mes amis, sur la terrasse bien ombragée et fleurie que je me suis fait bâtir au-dessus du quartier le plus sain de la ville, mon divan dans le réduit en béton armé, l'ascenseur au service de mes désirs, que ne donnerais-je pas pour revivre un peu du temps merveilleux et parfumé dans lequel j'étais alors confondu ?

Je décidai de ne pas poursuivre plus loin, ce jour-là, mes explorations, de rester étendu dans ce que j'appelai — pour le nommer — le cresson bleu. Mes amis, je le savais, comme moi séduits par la douceur de l'air, m'avaient oublié, avaient escaladé les montagnes, peut-être découvert par delà une autre vallée.

Mais étais-je pressé de les revoir ? Petite Anita, petite aimée, c'était à vous que je pensais. L'herbe était fraîche sous ma joue. Ma joue avait souvenir de la paume de votre main. Hélas ! la vie s'écoule. Nous nous aimions cependant, et notre petit Lou, il a tes yeux de pervenche trempée dans le lait. Où est cet enfant ? Nous avions convenu de nous retrouver à l'heure du thé à la Schlus-Conditorei, dans cette rue sinueuse et éclairée de Cologne. Est-ce bien moi qui ait manqué au rendez-vous ? Qu'avais-je besoin d'admirer si longtemps cette vitrine d'armurier ? Le lendemain, j'ai été rêver sous ces beaux arbres de Bonn. J'ai remonté le Rhin jusqu'à Biebrich. Où alors te retrouver ? Je ne t'ai pas revue. Encore aujourd'hui ta pensée me visite.

Les rêveries m'inclinèrent au sommeil. J'entendis une musique dont je poursuivis longtemps en moi-même les détours. Mais, soudain, je la reconnus. C'était cette phrase plaintive modulée si haut et subitement se brisant en éclats de verre que Jack, comme nous quittions le Havre, avait jouée sur sa flûte qu'il avait cachée sous sa vareuse et qu'il jeta à l'eau.

Autour de moi on marchait, j'en fus certain. Je fis de violents efforts pour ouvrir les yeux, c'était si difficile et l'air joué sur la flûte m'invitait à n'en rien faire. La musique cessa. Un bruit étouffé de voix et de pas disparut dans les herbes. J'ouvris les yeux et je me pris à murmurer : « Je suis encore trop gras ». J'enfouis ma tête dans les plantes et je pleurai de rage et d'impuissance. Je sentis sur le visage comme une brûlure. On m'avait touché, on m'avait palpé. Deux doigts osseux et froids.

Je ne pus me rendormir et cette journée si heureuse, on me

l'avait gâtée.

J'entretenais dans l'île une correspondance à mon insu !

Je me hâtai d'enlever mes habits pour que, me baignant, disparût jusqu'au souvenir odieux de ce contact. Couché dans le lit du ruisseau, j'en goûtai la tiédeur et l'odeur fraîche. Je fis quelques mouvements de natation sur les hanches, autant que le permettait la profondeur. Fatigué un peu, je mis la tête sur une pierre moussue, et le corps sous une couverture d'eau suffisante, je retrouvai quelque calme. L'eau doucement me pénétrait la peau et courait. Sur l'écran immobile de mes yeux glissaient de petits nuages ronds que voilaient mes cils. Une branche trempait son feuillage dans l'eau quand la brise l'inclinait. Elle se relevait lentement en s'attardant sur mon visage. Cela ne me déplaisait pas. Finalement, elle s'arrêta sur ma bouche et les yeux. Je parvins presque à l'oubli de ce qu'avait d'énervant la succession des événements par où je passais. Sans que je fusse dormant, je rêvais être un de mes paniers d'osier tapissé de fougères, porteur de fraises que j'offrais à ma cousine Berthe aux premiers jours de mai quand j'accompagnais dans ses bois le marquis Fumerolle qui avait la passion des muguets. Ou dans le mois d'octobre ceux gonflés d'ouate où je déposais les deux magnifiques pommes d'une espèce rare que ne manquait jamais de me donner mon oncle Jude en souvenir, disait-il, de ma chère tante qui les aimait tant, mais ne se résignait jamais à les manger, si bien qu'elles pourrissaient. Puis je pensais être le filet à papillons où je mettais imprudemment les graines que je donnais aux oiseaux, la voilette de ma mère dont j'entourais le plâtre du jardin, et la résille de ses cheveux.

— Séchez-vous, habillez-vous et suivez-moi.

Je fus sur pied.

— Mais que voulez-vous donc, dis-je, je vous en prie ? (C'était Jack.) « Où sont les matelots ? » Il riait.

— Chut, fit-il et il me les montra du doigt.

Ils escaladaient la montagne dans un tel accoutrement que je ne les aurais pas reconnus : chapeaux cirés, costumes de velours, armés de pioches et de pelles.

— Ils cherchent l'or, les imbéciles. Jack cessa de rire. Il était redevenu terriblement inquiétant.

— Venez, dit-il.

Je résolus de le suivre. Curieux, tout de même, et aussi dominé.

Nous commençâmes bientôt l'escalade de la montagne, nous faisant un chemin au milieu de crinolines, les arbustes ceinturés de plantes grimpantes. Un moment, je fus retenu par des ronces et je restai en arrière. C'est alors que j'entendis un craquement terrible. Un nuage de poussière obscurcit l'air. Il me sembla que le sol vacillait, comme si la terre s'entr'ouvrait. Je vis des roches bondir aussi souples que des gazelles. Je fus pris dans les branches d'un arbre déraciné et glissai avec lui sur une pente de plusieurs mètres. Meurtri, mais au cœur de la ruche de verdure, son système compliqué de défense avait éloigné de moi les terres et les pierres. Je sortis de l'amas de feuilles et de branches arrachées, comme le noyé qui a été assommé pour être sauvé. Là même où Jack et moi venions de poser le pied, s'ouvrait une crevasse. Les derniers éclats de rocher y tombaient avec l'écho. J'ouvris la main. Il s'y trouvait un morceau de roche. Je le regardai. Un nom gravé au silex : Doride. Le nom que j'avais taillé dans le bois de mon pupitre d'école, il y avait douze ans. Le nom de la petite fille espiègle qui me fourrait dans la bouche ces drops sucrés, rouges, bleus et verts. Et qui passait de longues heures sur mes genoux tandis que, tour à tour, nous nous racontions des histoires.

Je me relevai. Mon regard fut attiré sur un papier. Un fragment de lettre. Je lus : « Non, je ne puis pas croire à vos raisons. Vous avez mieux à faire. Et si vous allez aussi loin, ce n'est pas cela que vous cherchez. Celui que j'ai écouté inventant un jeu si divin qu'il en était incompréhensible ne me fera jamais croire que ces raisons plausibles l'ont déterminé. Non, Gravier Bleu, faiseur de paniers prédestiné, tu m'as menti ».

C'était bien l'écriture de Doride, à peine changée, et c'est ainsi qu'elle m'appelait « Gravier Bleu ». « Absent, nul et beau comme le gravier bleu », disait-elle. Il y avait douze ans que j'ignorais ce qu'était devenue Doride, douze ans que son souvenir n'effleurait pas mon esprit, et cette lettre me tombait du ciel, ici, à pareil moment ! Mais je ne voulais plus m'étonner de ce qui m'arriverait. Je décidai donc de ne pas me fatiguer l'esprit à interroger cette écriture inattendue. Je renonçai aussi à savoir si Jack avait péri ou, une fois de plus, m'avait échappé mystérieusement.

Je sautai dans une tranchée naturelle ouverte par l'éboulement et qu'inaugurait un curieux portique : un énorme bloc de rocher posé à plat sur deux autres dressés verticalement, création de l'accident qui en était le témoignage. Cette tranchée gagnait le ravin. J'entendis un mugissement. Je levai la tête. Un torrent d'eau dévalait de la montagne. Un instant encore, et j'aurais été renversé, emporté. Je grimpai l'autre versant de la tranchée. Mon pied quitte une pierre. Il était temps. Avec l'aide des mains, je me hisse sur le bord au moment que la rafale d'eau frappe mes pieds d'une barre de fer.

Quittant ces lieux, je contournai à la base l'éperon de la montagne, trébuchant au milieu de débris terrestres.

Quand je l'eus doublé, je m'arrêtai ravi. Quel désordre léger de formes et de couleurs distinctes ! Les verdures désinvoltes venaient mourir au flanc de la montagne. Une bande subtile de souples animaux fuit à mon approche. Ils avançaient par bonds avec un temps d'arrêt sur leurs pattes de devant pour dresser l'oreille, coquillage gris et rose, ou le museau, plus tendre que les pousses de bambou que je devais, un jour, goûter à Macao.

J'avais peine à m'imaginer le lamentable spectacle récent d'arbres, de pierres et de terres arrachés. La terreur que m'inspirait Jack, son existence même, toujours en relation, semblait-il, avec celle de catastrophes, tout cela me parut irréel, impossible.

J'entrai au milieu des fleurs, flots que partageait la verdure, que dominait la coupole bleue de la montagne. Elles dressaient des épis dont les graines roses et violettes mêlées à de longues soies blanches craquaient sous l'ongle. Ou sur des tiges en forme d'« S » retombaient en barbiches de shérif (elles me rappellent aujourd'hui les acteurs que je vis dans un studio provisoire d'Irkoutsk mimer une scène américaine). La brise les faisait hocher, mais si on les touchait, de rousses elles devenaient noires. C'était le ciel même qui baignait dans de grands bols bleus quadrangulaires. Il me semblait marcher sur un tapis rouge où luisaient de petits yeux d'anthracite. Abaissant la main je la retirai vivement, couverte de boutons et sentant le soufre. Je crus glisser sur des marbres assemblés. De larges feuilles rondes délicatement divisées en fuseaux versicolores, milliers de roses des vents, tournaient sur le sol des milliers d'arcs-en-ciel.

J'avais arraché une feuille et portant par hasard la main à la bouche, j'eus soudain le palais sucré et parfumé. Nul doute que ce goût était un peu de sérosité échappée à la feuille. J'en pressai la tige. Son lait glissant sous la dent réconfortait et vous gonflait de suavité.

Que dirais-je des arbres qui s'élançaient ou s'inclinaient, retombaient par flots étagés, retroussaient leurs feuilles ou les étalaient rougeoyantes ou grises avec des fruits ronds ou des grappes fleuries ?

De son cri un oiseau griffa le ciel. D'un seul diamant, un parloir de cristal. Un autre, d'une aile arrondie traça une chanson fluide que l'air tamisait.

Dans quelle oasis baignais-je de parfums, de fleurs, de fruits et d'oiseaux ? Je mis longtemps à cueillir, découvrir, goûter, écouter.

Mais au milieu de mon ravissement une inquiétude tourmentait mon esprit : j'entretenais dans l'île une correspondance à mon insu ! N'avais-je que la conscience intermittente de ce que je faisais ou continuais-je à être le jouet de je ne sais quelles illusions ?

Je pouvais oublier Jack, *La Glavane,* et le capitaine Boutarel, je ne parvenais pas à chasser l'image de Doride ressuscitée. Doride avait écrit son nom sur la pierre. Doride était dans l'île.

Doride avait péri dans la catastrophe. Il fallait retourner au plus tôt d'où je venais, contourner le pied de la montagne, gravir un sommet et dominer le pays, les vallées, les versants.

C'est ce que je fis, mais, ni dans la vallée que je venais de quitter ni dans celle que j'avais quittée le ou les jours avant, ni ailleurs, rien : homme, femme, Jack ou Doride, ni la moindre trace d'éboulement. J'avais vu la montagne crevassée, j'avais vu un torrent d'eau en dévaler, des arbres arrachés. Tout était net, sauvage, intact. Seule, la doublure blanche d'un gilet abandonné marquait la place où je m'étais couché. Nul doute, à voir ce détail, que j'aurais aperçu tout vestige d'accident s'il s'était produit ou s'il existait encore ou que savais-je ?

« Tu maigris, me dit-il, à faire l'ascension des montagnes »

Je décidai de ne pas redescendre dans la vallée et de continuer l'ascension de la montagne. Je me suis reproché, depuis lors, de n'être pas revenu sur mes pas chercher un démenti à la certitude de mes yeux. Mais je ne pouvais croire ni la réalité ni le rêve ? J'étais, semblait-il, parfaitement lucide, condamné à ne pas découvrir une connaissance interdite.

J'avais atteint un des pics les plus élevés de la montagne et je dominais maintenant presque toute l'île. La chaîne de montagnes laissait entre deux avancées la plaine dessiner à chaque fois un demi-cercle. Mais de l'autre côté, si on ne regardait plus la plaine, ce n'était que désordre. Crêtes, dépressions, plateaux de mince étendue, une ou deux poches d'eau, peu de végétation, des ronces et des pierres, quelques maigres arbres qui avaient pris dans du sable. La montagne terminait sur la mer — et les vagues furieuses la battaient — ou bien au contraire s'abaissait doucement — et la mer avançait sur des plages arrondies —. J'étais, me semblait-il, au centre de l'île. On pouvait mener du Nord au Sud une ligne idéale qui traversait l'île dans ce qui semblait sa plus grande dimension. A l'Est, je voyais le ravin qui gagnait la plage où j'avais abordé. A vrai dire, vers le Nord-Ouest, je ne savais comment finissait la montagne. Tout devenait confus et je ne voyais pas la mer, ce qui fait que j'ignorais encore si j'étais sur une île ou une presqu'île, et si la montagne n'était que la chute d'une chaîne de montagnes plus importantes. Je continuai à marcher en descendant vers l'Ouest. Je m'approchais d'un de ces amphithéâtres où la plaine avançait. Or, des hommes y travaillaient. Bientôt m'arriva le bruit de leurs voix. Le capitaine Boutarel était sur une estrade et dirigeait les travaux.

— Je n'y arrive pas, criait Magull, je n'y arrive pas et cependant tous mes calculs sont exacts.

— Creusez, bêchez, creusez, creusez, hurlait le capitaine. Allons, Tarasse, Tarasse, Bancoque, au travail, plus vite, creusez.

Les hommes étaient courbés, bêchaient, piochaient, transpiraient. Cornebuse et Ricourt se tuèrent à coups de bêche. Chiendent et Velours ramassaient des boutons de culotte.

— Ils cherchent l'or, les imbéciles, me dis-je, et je passai outre.

Après m'être quelque peu fatigué, j'avais rejoint les hauteurs du côté de la mer. Je décidai de me reposer sur la saillie d'une roche au sommet aplani, mais terminé sur le vide par une aiguille. Celle-ci bougeait. Je ne persistai pas dans mon erreur. C'était un homme. « Encore, me dis-je, voici de nouveau Jack ». Je n'y croyais pas. J'approchai de l'homme que je voyais de profil, perdu, semble-t-il, dans la contemplation du vide. Il détourna la tête, et ses yeux aigus me percèrent tandis qu'il semblait seulement sourire :

— Tu maigris, me dit-il, à faire l'ascension des montagnes.

— C'est vous, Jack, m'écriai-je. Vous allez m'expliquer...

Sa bouche s'amincit. Il tourna la tête, se laissant, le buste raide et immobile, à nouveau absorber par la contemplation du vide. Exaspéré, je m'élançai sur lui et le secouai aux épaules.

— Jack, pantin, répondez-moi.

Il ne m'offrait aucune résistance, le corps d'une pièce comme s'il était de bois. Je le secouai furieusement. Il glissa dans le vide. Je me jetai à plat ventre sur la pierre, épouvanté, et regardai, anxieux de le découvrir encore vivant. Le rocher et la pente du sol d'en face se réunissaient pour former le lit égal où gisaient des cailloux. Or, je n'en croyais pas mes yeux, j'eus beau scruter chaque caillou, chaque parcelle de terrain, le corps de Jack avait disparu. Je regardai les environs. Je criai : « Jack ! Jack ! » Nulle réponse. Faisait-il donc des bonds par-dessus les montagnes, cet homme ? J'étais accablé. A mes pieds, je ramassai un morceau de papier. Je lus : « Je n'aime pas les fous. Il n'y a pas de raison à cette faveur dont jouissent les victimes de la manie, de la niaiserie sentimentale et des complications cérébrales. La faiblesse de leur esprit leur donne droit à mon dédain et à ma pitié. Je suis l'ennemie de la sagesse et je suis l'ennemie des fous. Les fous de l'esprit, entendez-vous, mais pas les fous du cœur. Qu'un être sain et jeune et qui pense hautement ne boude pas aux occasions superbes qui se présentent de gaspiller un héritage. Garde toujours, Gravier Bleu, cette parfaite disponibilité de ton esprit et de ton cœur et trouve raisonnables ces entreprises que l'on appelle communément, folles. Qu'un instant décide de ton avenir. Aime comme un fou, sans réserves. Agis avec fougue. Sois toujours prêt à perdre et gagne dans l'insouciance. Gravier Bleu, tu me mens. Tu as accompli le plus lointain voyage pour satisfaire à ton humeur folle, et tu veux me faire croire qu'un mince cercle d'oiseaux familiers te suffit, que désormais tu dormiras dans l'herbe de ta prairie ».

Je mis la lettre de Doride en poche et j'atteignis bientôt un autre sommet d'où je découvris la mer. Elle se montrait calme, bleue, éclairée d'un peu de soleil. Par endroits, légèrement foncée. Une partie était plus sombre encore que je regardai avec attention. Se détachait une longue bande de couleur plutôt jaunâtre, nette au ras de l'eau. Au-dessus, elle portait de petits nuages comme une frondaison. Quand mes yeux s'y furent habitués, je distinguai des arbres. Il n'y avait nul doute que j'étais en présence d'une autre terre. Je décidai aussitôt de l'atteindre. Que me réserverait-elle ? Je descendis vers la mer par une pente douce s'inclinant sur une plage minuscule. La mer étale, sans courant, semblait peu profonde.

L'île ne paraissait pas fort distante. Je pouvais sans doute l'atteindre à la nage. Peut-être même n'aurais-je à nager que sur une partie du parcours, me contentant pour le surplus de marcher dans l'eau.

J'entrai dans la mer, quittant l'île ou la presqu'île, ce que je n'ai jamais élucidé, ne devant plus revoir ni ces arbres, ni ces plages, et j'atteignis l'autre terre, à vrai dire, en nageant plus longtemps et avec plus d'effort que je n'avais imaginé, mais sans encombre.

« Cette île est charmante, j'adore les îles, moi ! »

J'enlevai mes habits que je laissai sécher au dernier soleil de la journée. Mon île, longue terre où s'alignaient des arbres courbés était plutôt un banc de sable que j'eus tôt fait de traverser dans sa mince largeur. Quelle ne fut pas ma surprise ? Légèrement vers l'Est s'égrenaient d'autres îles. Je pouvais certainement en distinguer deux.

La première se tenait à peu de distance du banc de sable auquel elle se rattachait. Pour l'atteindre, je traversai en effet le bras de mer sans perdre pied.

L'île était assez grande, dessinait agréablement ses contours. Elévations de sable et buissons s'y mêlaient. Quelques arbustes donnaient un fruit nourrissant que je fus heureux de découvrir. Je m'étonnai davantage d'apercevoir se balancer, dans un petit port naturel, un navire de plaisance que je pris d'abord pour *La Glavane* — je ne me souciais plus de vraisemblance, habitué à toutes les métamorphoses — mais il était infiniment plus élégant : tout y paraissait coquet, utile, confortable. Le pavillon étalait de prétentieuses couleurs et allégories.

Je me fis un chemin à travers quelques arbustes. Il me parvint un bruit de voix discordantes. Je vis bientôt tout un monde couché sur le sable dans des poses nonchalamment étudiées. C'est alors que je me souvins que j'étais nu. Je me cachai derrière un buisson et me mis à écouter. Mon premier désir avait été de remercier le ciel de la chance offerte de me faire rapatrier, et de courir à ces visiteurs. A mieux les voir je ressentis je ne sais quel dépaysement. Un grand désintéressement d'eux-mêmes et de ce qu'ils pouvaient m'apporter me gagna. Je les écoutai. Vraiment, ma destinée était curieuse. Une heure de conversation dans cette île perdue m'apprit davantage sur le monde que de longues années passées sur les bancs de l'école ou parmi les familiers du café des *Deux Palmiers*.

Une voix glapissait :

— Cette île est charmante, j'adore les îles, moi. Et la jeune fille se retourna pour l'approbation. Ses dents étaient trop longues. Elle était prête à mordre.

— C'est dans mes nuits d'angoisse que j'ai toujours rêvé de cette île et je sens que mes souvenirs en seront si beaux que plus jamais je ne tolérerai qu'on m'en parle. Jules, que pensez-vous des îles ?

— Oui, c'est bien les îles, dit Jules Bouquet (je devais entendre son nom). Un homme d'âge moyen — était-ce donc alors un jeune homme ? — qui décrivait avec ses manches rabattues de jolis cercles dans l'air. « C'est si perdu les îles, si loin de la mer. La mer est une forêt et l'île est comme un petit lac, pas vrai ? Je ne sais pas, moi. C'est la nature qu'on respire et non pas celle qui vous mange. Et puis, tout plutôt que la ville où les gens tendent des lacets dans les rues pour vous faire tomber. Pas vrai ? La ville est un parc ouvert avec pièges à loups sans écriteau. Vous êtes intelligente et vous avez tout de suite compris cela ».

— Oh ! ce que les gens sont méchants pour Jules, dit un jeune homme doux qui semblait tout affligé.

— Oh ! Jules, Jules, c'est vrai, c'est mystérieux, les îles, dit un gros garçon.

Il arrachait les pages d'un album qu'il étalait autour de lui couvertes de traits. Avec son doigt mouillé il étendait le crayon. Il faisait mille grimaces comme s'il souffrait. On s'arrachait ses dessins. On s'exclamait :

— Coqueluche, ils sont magnifiques.

Dans un autre groupe qui affectait d'ignorer le premier,

mais pour qui le premier, ravi, donnait la représentation, se sachant envié, trônait la plus curieuse femme que j'ai jamais vue. Elle était complètement rasée, croisait des jambes énormes et avait tout d'une bûcheronne, d'une prêtresse et d'une baleine. A ses pieds gisait, attentif, Caillou (ainsi fut-il appelé), un jeune homme petit, au visage décidé, aux mâchoires serrées et qui portait avec courage, comme un condamné qui veut en imposer par la fierté de sa mine, une chemise impossible.

La femme forte, âgée, appelée par tous Eudoxie, prononça :

— Caillou, ce qui est intéressant dans le voyage, c'est qu'on travaille. Quand on est assis sur une chaise longue sur le pont d'un paquebot, c'est fou ce que l'on travaille. On travaille le travail du travail. On n'a pas le temps de rêver. Le travail de la mer et le travail des machines travaillent le corps. Dans une chambre l'on bouge tout le temps, pour se reposer. Sur le pont d'un bateau on est immobile, c'est pour cela que l'on voyage et que l'on se fatigue…

Mais mon attention se porta sur un jeune homme qui tirait une malle qu'il ouvrit avec inquiétude. Il en retira des manuscrits où il donna des coups de crayon de couleur. Il remit le tout en place, s'assit sur la malle. Il monologua :

— Mon *Traité du Talrec,* deux volumes. *La Fausse Sophie* ou plutôt : *Avant Dire au Discours Comment Décaper pour un Tour au Large,* trois volumes. *La Nouvelle Nathalie ou l'Amour de la Couleur jaune,* quatre volumes. Lastic me supplierait à genoux de lui donner *L'Oronge et la Muette,* cinq volumes ; je le verrai mourir à mes yeux que je ne le lui donnerai pas s'il ne me prend *T. T. Nüger. Fariboles de Ménage,* six volumes. Et puis cela m'est égal, je ne leur donnerai rien, rien du tout. Ils peuvent crever. Pas même *Les Eaux Vertes d'une Baie des Tropiques,* sept volumes ».

Un jeune homme étrange, maigre, dénudé et riant en hoquetant, l'interrompit :

— Tu boultingues trop, comment alors cibouler ? La vraie moelle d'une bolation est dans une emblaturenette. Tu n'arriveras à rien. Tu scorsonèses. Autant en glamite le vent de tes palépades, fripes, grippes, lépures, pensées à rinceaux. Fais s'épastriller tes houlques. Voilà qui est sain. Ton gon dans le mil. Droit au roub. Mais tu préfères risseler, lénise. Comme une reine dans ses boulalilas tu slapends en crissotant ta galène de çi oul brac. Nic, ablasor. Toc bon pour le coulpas.

Un déclamateur couvrait la voix de ces deux :

— Océan de mon âme tétralgique cernée aux quatre points de douleurs cardinales, purée de pois de l'amertume où court mon angoisse à reflets de couteau sanglant, s'il est vrai que les vagues de mon inquiétude atteignent le rivage de la folie, que l'on me permette de préférer alors la danse sacrée des crabes de la révolte et l'ivresse insensée des puces de mer de la liberté au noir cloaque de la connaissance torve où glisse la pieuvre de l'imbécillité, jetant ses flots d'encre de soutane rance. Les phoques du mystère volent au ras des flots et sur les espaliers du soleil de l'espoir gémissent les lichens de l'amour et le coquillage des sexes. Mais sous le craquement des épices, foin du bleu de Mytilène. Le Rocher a tiré le couteau de la Vengeance. Arrière, chiens que vous êtes, pourceaux. A votre cou d'honnêteté peut glousser votre pomme d'Adam, nous connaissons de vos excréments les confitures de lâcheté et qu'habillés des bretelles de la flicaille, tous les matins vous accumulez dans votre beurrier sous le couteau de la parcimonie le beurre fétide de vos expériences rationnelles. Je vous ferai battre en retraite, cuillères de la soupe en famille et bœuf bouilli de la pensée occidentale ; vous ne prévaudrez pas contre l'Esprit intangible ; vous ne m'empêcherez pas de m'aventurer tous les jours plus loin du côté de la mort pour qu'indéfiniment je voie dans les baies du soleil d'Orient sombrer les beaux navires. Dans cette île ou sur un point perdu de l'univers, aujourd'hui 12 mai 1929, il n'y a pas, de l'intérieur ou de l'extérieur, un événement qui ne témoigne de notre entier et sans retour abandon à ce que sans quoi nous nous désintéresserions même du sens de notre vie. Que le vent terrible de la Révolution…

Sous quelles influences ce discours ? Quelles âmes incarnaient ce discoureur ? Il empruntait tour à tour la chair épaisse et sacerdotale d'un imposteur ou l'air guilleret et élégant d'un commis de chemiserie.

Suffoqué par le brouhaha vertigineux, je laissai ma pensée se distraire de cette compagnie. Comme je n'entendais plus de bruit de voix, je regardai de nouveau. Que voyais-je ou rêvais-je ? Une baleine par des mouvements lents se frottait à un requin qui donnait de violents coups de queue. Un sapajou sautait du dos de la baleine sur celui du requin. Un mulot entrait dans la malle et détruisait tous les papiers. Un chien basset sonnait de son collier. Quel oiseau poussait des cris perçants et quel autre se pavanait ? Les guêpes sifflaient. Un lion ridiculement majestueux faisait le terrible. Tout cela, tant bien que mal, à la nage ou autrement, gagna le yacht que je laissai partir sans regret.

Mais cette agitation de ménagerie n'était, sans doute, qu'une illusion, car c'étaient bien des hommes qui avaient laissé ces nourritures dont j'approchais. J'y touchai à peine, bien que depuis longtemps je n'eusse mangé que des mets de fortune. Il se trouvait encore là des assiettes, une serviette, un couteau, une fourchette, un canif. Cela me rendit dans la suite quelques services. Je fus plus étonné de découvrir une valise certainement oubliée. Elle contenait tous les accessoires d'un bain de mer : culotte, maillot, ceinture de cuir, bonnet de caoutchouc, souliers et peignoir. Aussi, tout un nécessaire de toilette, y compris un miroir et du parfum. Je mis le bonnet de caoutchouc et j'enfilai le peignoir parfaitement à ma taille. Quand je débarquai plus tard à Macao, ce fut dans cet attirail.

La valise renfermait encore des livres auxquels je m'intéressai. Ils ont été pour moi le commencement de mon instruction. A vrai dire, je ne les compris pas tous dès l'abord. Je les trouvai étranges, curieux et ils ouvraient pour moi un monde ignoré. Dans la suite j'appris à les juger à leur juste valeur. Ils m'ont aidé à faire peu de cas de beaucoup de livres. La valise — son cuir était armorié — devait appartenir à un personnage dont je n'ai pas parlé et qui semblait le propriétaire du yacht. Il allait de groupes en groupes, très à l'aise, souriant. On lui montrait de la déférence. Il paraissait goûter les appréciations les plus extrémistes et avait applaudi à la proposition d'un jeune homme, dont j'ai négligé la figure, de « brûler le yacht, ce qu'il contenait et les peintures de Coqueluche, emblèmes de bourgeoisie, d'efflorescence par le snobisme de ce qu'il y avait de plus pur et de plus gratuit dans la production de l'esprit libre… » Il aimait montrer sa familiarité avec ce qui peut-être brillait alors dans le monde des lettres et des arts. Il se retournait souvent vers un cinéaste pour lui demander du feu ou de saisir un aspect particulièrement intéressant du paysage ou de la foule qui l'animait. Foule venue, trouvais-je, pour une singulière excursion dans cette île qu'elle avait découverte ou qu'il était de bon ton alors de visiter.

Il faisait une nuit pour la première fois depuis que j'étais dans ces parages légèrement moins chaude. Je me félicitai de mon beau peignoir de tissu éponge. Je me chaussai de caoutchoucs et je me servis de la valise comme oreiller.

Ce que le mercure et l'aluminium ont d'enchanteur brûlait dans vos yeux, Rolla

Je dormis parfaitement jusqu'au matin où je rêvais qu'une baleine avançait sur moi et m'écrasait de son poids immense. Or, de fait, un fardeau pesait sur ma poitrine. Rolla, rendez-moi cette justice que je vous ai tout de suite aimée. Quand ce matin-là en m'éveillant j'ai passé ma main dans votre chevelure, je n'en finissais pas d'errer dans la joie. Vous n'avez jamais su combien vous étiez belle. Vos lèvres s'entr'ouvraient comme elles n'ont pas cessé de le faire. J'ai bu plus dans vos yeux que dans tous les puits d'eau fraîche. Ce que le mercure et l'aluminium ont d'enchanteur brûlait dans vos yeux, Rolla. J'ai mieux aimé votre corps que l'avoine. Vous apportiez toutes les mers du monde dans vos bras. Je vous ai adorée. Vous avez souri en vous éveillant comme si vous aviez passé toute votre vie sur mon épaule. Nous ne nous comprenions pas, cependant. C'est-à-dire, chacun parlant une langue différente, il nous était permis de nous passer de la parole. Fille insensée, nous eussions pu être heureux. Vous aviez cette robe noire extraordinaire dans laquelle vous marchiez comme respire un papier brûlé avant de s'anéantir. C'était une robe à volants de votre mère qui vous entourait d'ailes. Le yacht de ces citadins s'était arrêté à Lisbonne. Il y avait eu bal travesti, et dans la hâte du départ vous n'aviez pas changé. Il vous avait fallu un instant pour convaincre votre mère. Etrangère à tous et à tout vous êtes venue dans cette île sans rien savoir du chemin que vous aviez parcouru. Seule vous étiez étonnante parmi eux, et ils n'ont même pas remarqué votre absence quand vous vous êtes cachée dans le buisson. Le capitaine a trouvé à bord votre lettre d'adieu. Vous lui interdisiez de vous rechercher sur la mer où vous risquiez un des canots. Mais vous laissiez pour votre mère une tout autre lettre. Vous m'aviez vu. Emplissant le canot de tabac et de cigarettes, vous l'avez caché dans une des anses du rivage.

Avant de m'approcher vous avez voulu me voir dormir.

Ce matin-là, Rolla, vous rangiez avec la grâce d'une sainte, l'imprévu d'une fille de roi chez un berger, les deux assiettes sur le sable du rivage. Nous avons mangé un gâteau. Nous avons couru. Nagé. Vous avez enlevé votre robe et vous êtes apparue sur le ciel le candélabre du paysage. Je vous ai donné ce maillot. Désormais, ce fut votre vêtement. Vous passiez à la ceinture le canif quand il vous le fallait.

Rolla, vous m'avez tout appris. Comme ils reculaient : la ville d'un enfant, ma cousine Berthe et les échanges de fleurs séchées dans les almanachs, le doux visage d'Anita qu'une pensée fugitive assombrissait parfois comme l'ombre d'un ballon dirigeable sur une prairie éclairée. J'ai compris la vie, et j'ai connu dans mes voyages des femmes comme le caprice ou comme la glace et le feu (je n'oublie pas telle Sibérienne que l'émotion et la pensée pouvaient serrer de liens si multiples qu'une heure durant elle ne pouvait plus se faire entendre que par syllabes détachées inintelligibles), mais qui plus que vous, Rolla, avait la miraculeuse vertu de tout laisser passer à travers soi — le ciel et les étoiles — et d'en retenir l'image essentielle, transformée. Qui jamais eut ma main dans la sienne, en me comprenant davantage ; si lointainement que des siècles de ma vie, aurait-on dit, m'apparaissaient, et je savais à chaque moment du futur ce que j'étais. Tu as rendu, Rolla, un vannier plus savant que tous les livres, comprenant la vie universelle quand tu souriais. Plus tard, nous rencontrant à Macao — je ne puis croire que ce fut une coïncidence — comme nous nous sommes reconnus, comme nous avons éprouvé que l'un de nous deux pouvait disparaître ou tous les deux, que toujours notre communion resterait active, en dehors de nous, comme un fait dont nous étions certains. Je n'ai jamais été seul sur la terre, Rolla. De la terrasse au-dessus de la ville où j'écris mes mémoires, je ne vois pas une ville. Je vois une plage et le corps étendu d'une jeune fille en robe noire dont le visage parle comme une source qui n'est ni gaie ni triste, mais qui brille de lumière.

Rolla et moi nous vécûmes des jours, des mois et des mois — mais nous n'avions pas adopté de mesure pour le temps — dans une entente magnifique. Nous eûmes tôt fait d'inventer un langage. S'il s'agissait de la nature et des sentiments, j'adoptais sa langue, mais les rares fois que nous raisonnions, nous empruntions plutôt la mienne. Nous avions inventé des mots pour nommer ce que nous ignorions jusqu'alors. Rolla surtout me semblait trouver les noms les plus adéquats. Pour nous raconter, nous n'usions pas du langage ; nous ne parlions jamais de nous-mêmes, n'était par monosyllabes et par regards. Nous avions certainement inventé un langage très original ; c'était la nécessité et la vie qui l'avaient créé, et je ne veux rien en livrer aux hommes de cabinet qui en feraient aussitôt un usage stérile et artificiel.

Je confesse mon indolence, je confesse que Rolla fut plus active et surtout plus industrieuse. Elle maniait parfaitement la hache. Ai-je parlé de cette hache ? La seule chose qu'elle eût prise avec des cigarettes. Elle l'avait prise pour elle-même. Mais les cigarettes, pour l'homme nu. Que pouvait-il, pensait-elle, sauvage ou non, désirer d'autre dans cette île ? Elle avait décidé de les lui donner si l'on pouvait vivre avec lui. Sans Rolla, jamais je n'eus mené à bonne fin la construction de la hutte où nous avons passé agréablement toute une saison.

Les premiers jours je pouvais à peine croire à la réalité de mon bonheur. J'avais assisté à tant d'événements incroyables. La venue de Rolla, tombée elle aussi du ciel comme les lettres de Doride, semblait si extraordinaire que j'avais peur d'être encore le jouet de je ne sais quelle puissance mystérieuse, acharnée à me mystifier. Mais, rien ne venant troubler notre paix, je commençais à croire que Jack était bien mort et que je n'avais plus à le redouter.

Quant à retourner dans les parages que j'avais fréquentés, sans me l'interdire, je n'y songeais pas. C'est à tout jamais que j'y avais abandonné mes vêtements, lesquels l'hiver venu, j'eus peut-être l'occasion de regretter. Pour l'instant, quand il le fallait, Rolla et moi, maillot ou peignoir nous protégeaient contre l'ardeur du soleil.

Nous ne restâmes pas longtemps dans l'île. Rolla voulait gagner la suivante, ne manifestant aucune curiosité pour celle que j'avais quittée, puisque je la croyais habitée par l'équipage du capitaine Boutarel.

L'île où nous étions, moins grande et d'aspect moins varié que la précédente, charmait davantage par ses grandes plages vides ou dominées par les arbres. Sur tout un côté elle portait une terre de la couleur des bruyères ou des briques anciennes. De quelques points élevés, on embrassait d'un coup d'œil toute l'île que baignait un ciel splendide arrêté d'une façon brusque par l'écran presque vertical gris et bleu de l'île montagneuse que j'avais quittée. Bientôt nous prîmes le canot et ce que nous avions pour gagner la terre suivante, grande sans doute, puisque nous l'apercevions bien qu'elle semblât très éloignée.

Eric de Haulleville

Est-ce un crime ?

© D/1989/3257/6
Extrait de *La Position du missionnaire roux,* roman, Alain Berenboom, Le Cri.

Je hais l'Afrique ! Je hais l'Afrique ! A quoi bon répéter cette phrase à mon voisin ? D'abord, il est noir. Et l'Afrique doit lui sortir de la peau, comme à moi. Cette Afrique qui nous regarde avec indifférence, moi, mon voisin et les trois cent cinquante-deux autres passagers de cet avion immobilisé depuis trois jours sur l'aéroport N'Krumah d'Accra (Ghana). N'Krumah, c'est le nom du premier président du Ghana et le libérateur de ses cinq millions d'habitants. Ses successeurs, eux, semblent incapables de libérer trois cent cinquante-quatre personnes ! Il est vrai que les pirates de l'air, qui nous tiennent en otages depuis Rome (Italie), ne parviennent même pas à obtenir la libération de leurs trois compagnons, détenus en France. Pourquoi les choses simples se compliquent-elles dès que l'on commence à en parler ? Si ces trois bonshommes quittent leur prison française, les trois cent cinquante-quatre passagers de cet avion libéreront les cinq millions de Ghanéens de leur encombrante présence. Cinq millions ? Ils doivent être quinze millions aujourd'hui ! Ces Africains n'arrêtent pas de se reproduire. Et certains s'étonnent qu'ils aient le ventre vide... Je sais ce que je dis : je travaille chez Nestlé. Département lait en poudre. Ma spécialité, l'Afrique.

Les yeux me piquent. Le conditionnement d'air est arrêté depuis longtemps. Les boutons multicolores au-dessus du siège qui commandent tous les plaisirs du monde (un bip, de l'air frais pulsé ; un dring, du whisky, du champagne et l'hôtesse, côté face ou pile, au choix), pendent comme les mains d'un paralytique devant un magazine sexy. L'Afrique s'est répandue dans la carlingue avec sa chaleur moite, son odeur, son grouillement et ses microbes. Je sens qu'elle se glisse en moi. Déjà, la peau me gratte et se couvre de pustules. Il faut que cet avion s'en aille d'ici, et vite, avant qu'elle n'atteigne mon cerveau et ne me cloue au sol — ce sol maudit !

Le pouvoir maléfique de l'Afrique m'a toujours tourmenté. Quel tapage le jour où le chef du département, le Dr Stroth, m'a chargé de l'Afrique ! « Pas l'Afrique, Docteur, la Laponie si vous voulez ou les Malouines, mais de grâce, pas l'Afrique ! »

— Ne craignez rien, voyons ! s'est-il empressé de me répondre (il n'a pas l'habitude de me voir protester). On ne vous demande pas d'y mettre les pieds. Je tiens trop à vous pour vous envoyer dans la jungle ! D'ailleurs, l'Afrique ne se dirige efficacement que de Genève.

Il disait vrai. Les rapports réguliers de la F.A.O., de l'Unicef et des autres organisations internationales contiennent plus d'informations que je n'en recueillerais jamais sur place. Le nombre de naissances, les mouvements de population, la situation des maternités et des dispensaires, l'état des finances et de la dette de chacun des gouvernements, tous les renseignements nécessaires pour le commerce du lait en poudre arrivent à Genève, pas à Mombassa ou à Nairobi. De mon bureau paisible et hygiénique, bercé par le lac Léman, je compte les bébés noirs, en écartant les morts-nés, et je nourris les survivants, pour qu'à leur tour ils fondent des familles. Plus ils font d'enfants, plus ils prennent mon lait en poudre. Et plus ils en prennent, plus ils font d'enfants ! Ce qui prouve qu'il est sain, le lait en poudre. De Nestlé. Ce sont ces choses simples qui font les vérités. Alors, pourquoi ces attaques contre notre lait et ces tracts pleins de fiel qui nous calomnient ? Est-ce nous qui contaminons l'Afrique ?

J'ai soif et j'ai chaud. Qu'on décolle rapidement ou l'on va s'embourber dans ce continent, y rester collé, s'y enfoncer comme dans un marais. Pourquoi ne nous alimentent-ils pas ? Ces hangars au loin doivent être remplis de lait en poudre. Des ouvriers ghanéens, assis à l'ombre, appuyés contre des caisses (peut-être celles que je leur ai livrées), contemplent leurs pieds. Certains somnolent, d'autres dorment franchement sur le sol. Grâce à nous, ils sont payés pour ne rien faire : depuis deux jours, plus aucun avion n'a atterri. Pourtant, pas un n'esquisse le moindre geste vers nous, ni signe de la main ni regard. L'Afrique a perdu le sens de la charité ! Une caisse de lait en poudre suffirait à alimenter tout l'avion. Une caisse de lait ! Ma caisse de lait ! C'est comme si je réclamais ma valise. Evidemment, personne n'a réclamé sa valise jusqu'ici… Remarquez que je n'aurais pas hésité à le faire si mes calmants n'étaient pas restés au fond de la poche de mon veston. Quatre jours sans calmants ? Je serais devenu fou. Mais peut-être m'auraient-ils alors libéré ? Je ne vois pas des pirates s'encombrer d'un passager fou. Ou alors ils m'auraient abattu ! Dans cet état, je ne me contrôle plus, je hurle, je tape. Je pourrais me lever et, qui sait, me jeter sur eux ! Ah ! finir en beauté, la vie arrachée par une grenade ! « Tué pour être tué, autant partir la tête haute », disait mon père. Bien sûr, le risque avec une grenade, c'est de partir sans la tête…

C'est au départ de Genève que j'aurais dû agir. Lorsque je me suis assis, le fauteuil voisin, celui de droite, près du hublot, était déjà occupé et, c'est bien ma chance, par un grand Noir. Une énorme masse de chair sombre qui débordait de son fauteuil sur le mien. Croyez-vous qu'il se soit bougé ? Il a fallu que je prie ce monsieur pour qu'il daigne se déplacer un peu, juste de quoi me glisser. Sa masse s'écrasait contre moi, comme une montagne de beurre en train de fondre. « Heureusement que le vol est court », avais-je pensé.

Sa mine patibulaire et son visage strié de cicatrices ne reflétaient aucun sentiment humain. Or j'ai besoin de ressentir de la compassion lorsque je voyage. Avec lui, j'étais servi ! Il semblait aussi à l'aise dans son complet à carreaux d'un vert criard que Tarzan dans les rues de New York. Boxeur ou lutteur, quel était le métier de cet individu ? Une activité, en tout cas, qui lui permettait de vivre le torse nu et en petite culotte. Il avait dû forcer sa nature en s'habillant pour prendre l'avion.

L'autre fauteuil restant inoccupé, j'y posai ma serviette, marquant ainsi mon territoire. Je me réjouissais déjà de m'y réfugier dès la fermeture des portes pour m'éloigner de mon encombrant voisin quand, quelques secondes avant le décollage, un petit homme au teint verdâtre (mais très poli) se rua sur le fauteuil tant convoité. Un noir, un vert, entre ces deux étrangers, je donnais l'impression de descendre de Guillaume Tell en ligne directe.

Le nouveau-venu semblait tellement gêné d'avoir osé s'asseoir qu'il s'agitait sur le bord du coussin, une fesse en l'air, serrant son sac de voyage contre lui. Je supposai qu'il avait le mal de l'air. « Rassurez-vous, dis-je en me penchant vers lui, je suis un habitué de cette ligne, il ne s'y passe jamais rien. Les avions suisses sont comme nos horloges, elles ne se détraquent que si on leur tire dessus ! » La plaisanterie ne lui arracha pas l'esquisse d'un sourire, même de convenance. Peut-être ne comprenait-il pas le français ?

Devant son air inquiet, pendant que l'avion commençait à prendre de l'altitude dans le tumulte des moteurs, je répétai ma plaisanterie en allemand puis en anglais — on est fier d'être polyglotte en Suisse —, sans résultat. En désespoir de cause, je songeai à lui proposer un de mes calmants. A peine avais-je plongé la main dans mon veston que le petit homme se jeta sur moi et me repoussa avec une violence inattendue. La route du ciel eût-elle été dégagée, je me serais envolé avec grâce vers les nuages et peut-être aurais-je échappé à la suite de l'aventure. Mais à cause de la masse inamovible du grand Noir plantée devant le hublot, ma tête arrêta sa course folle dans son épaule épaisse et dure comme un jambon.

Coiffé d'une compresse humide qui me dégoulinait sur la cravate, je revins à moi, affalé contre mon robuste voisin africain, me cramponnant toujours à mon flacon de calmants. Le petit homme vert avait disparu. Son fauteuil était vide. Chassé par la honte et le ridicule, le malotru s'était réfugié ailleurs. S'il espérait s'en tirer si facilement, c'est qu'il ne me connaissait pas encore. « Toujours sur la brèche et jamais dans la dèche ! » disait le Dr Stroth pour encourager les troupes. J'allais me lever, lui faire la leçon, exiger des excuses, lorsque mon voisin, décidé enfin à révéler sa nature humaine, me pinça le coude en faisant signe de me taire. A quelle cérémonie tribale me conviait-il ? S'il fallait y passer pour faire ami-ami, pourquoi pas ? Il régnait dans l'avion un silence inhabituel. Les moteurs étaient éteints. Avions-nous déjà atterri à Rome ? Mais pourquoi les passagers, au lieu de se presser dans le couloir, restaient-ils sagement assis, sans un mot, l'air coupable comme des écoliers rappelés à l'ordre ?

« C'est un détournement », murmura le grand Noir. « L'avion est aux mains de terroristes ». J'avalai un calmant. « Ils ont menacé d'abattre tout le monde si un seul d'entre nous fait un geste déplacé. » J'engloutis un second calmant. Ils étaient trois à nous surveiller, armés de mitraillettes et de grenades. Dans la cabine de pilotage, un autre discutait avec la tour de contrôle. On entendait le grésillement nasillard des voix déformées par le haut-parleur mais il n'était pas possible de saisir une seule phrase.

Voir mon ex-voisin, dont les événements n'avaient pas amélioré le teint, debout dans le couloir, l'arme à la main, était comique mais inquiétant. Toujours aussi affolé et maladroit qu'au décollage, il n'avait même pas pris le temps de lire le mode d'emploi de sa mitraillette. Bien décidé à passer l'éponge sur sa conduite et à ne pas attirer son attention, je m'enfonçai dans mon fauteuil. Mais, dès qu'il s'aperçut que j'avais repris mes esprits, il surgit à côté de moi. Allait-il décharger son arme dans mon ventre ? Pas du tout ! Il venait marquer sa sympathie et s'excuser de sa brutalité !

Les trois cent quarante et quelques autres passagers se tournèrent vers moi. Que pouvais-je dire ? Crier que je ne connaissais pas ces criminels ? Que je n'étais pas le cinquième homme ? Si je tentais de me lever, je me ferais aussitôt abattre ! Il aurait fallu un micro pour me faire entendre. Et traduire mes explications en cinq langues au moins ! Quel affreux malentendu ! Les passagers me regardaient avec haine et crainte, comme un espion démasqué! L'erreur devait être réparée immédiatement, avant que la police ne s'empare de l'avion, sinon je risquais d'être traité comme eux, abattu peut-être ou pire, dénoncer à Nestlé ! Le grand Noir rit : « Hé bien ! On dirait que vous vous êtes fait un ami ! »

— Mais je ne le connais pas. Je ne l'ai jamais vu ! Je ne suis pour rien dans cette histoire. Vous en êtes témoin : je suis la première victime de ce détournement. Rappelez-vous comment il s'est jeté sur moi, au décollage de Genève.

— Tout ce dont je me souviens, Monsieur, c'est la violence avec laquelle vous m'avez frappé l'épaule. J'ai failli avoir mal, vous savez....

— Mais enfin, c'est lui qui m'a repoussé vers vous ! Ecoutez ! Je me proposais simplement de lui offrir un calmant...

A quoi bon m'égosiller ? Plus je m'expliquais, plus l'histoire paraissait invraisemblable. Le grand Noir ne m'écoutait pas. Il s'était plongé dans un magazine, l'air absent. Pourquoi les vérités sonnent-elles toujours faux quand c'est moi qui les énonce ? Heureusement, mon ex-voisin verdâtre s'était éloigné et les autres passagers se désintéressèrent de moi. Ils serraient les fesses, attendant la suite des événements.

Après de longues heures, un des terroristes nous annonça, via le haut-parleur de la cabine que les autorités italiennes autorisaient le décollage de l'appareil. Il ne fournit aucune précision sur notre destination. Chose curieuse, malgré son laconisme, cette déclaration détendit l'atmosphère. L'immobilité de l'avion et le silence des moteurs pesaient davantage que le détournement. A l'émotion des premiers moments avait succédé une apathie pleine de nervosité. De temps en temps, on entendait un raclement de gorge qui rappelait le toussotement sec et sonore des spectateurs de concert entre les mouvements lorsqu'il est interdit d'applaudir. Des conversations rares et brèves. Même les cris des enfants s'étouffaient rapidement. De l'autre côté de la rangée, un prêtre roulait un rosaire en psalmodiant une interminable prière malgré les supplications d'une passagère visiblement prête à le couper en deux. Quelques personnes tentaient de lire mais la tension était trop insupportable (sauf pour mon voisin, toujours absorbé par son magazine dont il déchiffrait apparemment les lettres une à une). Certains avaient réussi à trouver un peu d'apaisement dans le sommeil ou plutôt dans une somnolence ponctuée de grognements ou de ronflements irritants. Le bruit apaisant des moteurs rendit la vie. Les conversations reprirent peu à peu, des enfants se mirent à crier et à pleurer. On entendit même des rires. Le grand Noir se radoucit au point de me proposer de partager la bouteille de whisky qu'il avait emportée dans son bagage à main. Comment refuser sans le vexer ? J'étais terrifié : il avait posé ses lèvres sur le goulot qui devait grouiller de microbes africains, avides de me dévorer. Le sida ne venait-il pas d'Afrique ? Les statistiques inquiétantes de la propagation de la maladie défilèrent dans ma tête. Comme tous les chiffres qui établissent la situation catastrophique de l'Afrique, je les connaissais par cœur. Je les recevais en même temps que ceux des naissances (le sida est en train de nous tuer la clientèle). Un adulte sur dix en est atteint, dont pratiquement toutes les prostituées. Prostituées que mon voisin, assez riche pour voyager, devait fréquenter assidûment (son physique réclamait sans doute des satisfactions plus impérieuses et moins sélectives que les miennes).

Le bras tremblant, je tenais la bouteille près de ma bouche sans oser l'approcher. Détourner son attention… Mon habileté dans les réunions d'affaires n'est-elle pas renommée ? Mais je restais désespérément incapable d'émettre le moindre son face à cette monstrueuse brute. Après quelques longs instants d'un silence gênant, je parvins à lui demander en grimaçant : « A propos, cher ami, d'où venez-vous donc ? » en agitant la bouteille sous son nez.

— D'Ecosse évidemment ! me répondit-il.

Je me forçai à rire. S'était-il mépris sur le sens de ma question ou se moquait-il de moi ? Le temps qu'il avait mis à lire son magazine m'inclinait à choisir la première solution. Il sourit :

« Ce whisky vient d'Ecosse et moi aussi ! Buvez, c'est de l'extra! … Et je m'y connais ! » A-Dieu-vat ! Goulot collé contre les dents, l'alcool, léchant les parois infectées de la bouteille, inonda ma gorge, après avoir arrosé ma bouche, y déposant au passage les petites bêtes tant redoutées.

La tension, l'alcool et les calmants me firent sombrer pendant que l'avion nous arrachait du sol. Une douce euphorie, bercée par le bruit des machines, dissipa toutes mes craintes. La remontée vers le ciel devait signifier la fin du détournement, le départ vers un pays neutre où notre avion serait échangé contre un autre appareil emmenant nos kidnappeurs vers une terre d'asile. Neutre… Ce mot me fit penser à ma chère patrie. Remettait-on le cap vers Genève ? Je voyais dans ce départ la délivrance, la fin d'une détestable mais aventureuse parenthèse dans une journée ordinaire sans me douter qu'il annonçait le début d'un affreux enchaînement qui m'entraînait au cœur de l'Afrique. Stupide inconscience, l'avion ne se dirigeait ni vers Genève, ni vers Paris où se trouvaient ceux qui auraient pu négocier avec nos ravisseurs. Il nous menait en enfer.

Quand je m'éveillai, nous survolions le Soudan, m'apprit mon voisin, doté d'un solide sens de l'observation ou d'une grande expérience de voyageur malgré ses origines écossaises — de plus en plus douteuses.

« Le Soudan ! m'exclamai-je, mais, c'est l'Afrique ! » Le grand Noir haussa les épaules. « Pas question d'aller en Afrique ! Plutôt mourir ! Je serais capable de faire sauter l'avion ! » Mon voisin, indifférent, s'était remis au whisky. Ne sentait-il pas la fièvre, la lumière malsaine, la chaleur diabolique ? Comment éviter d'atterrir en Afrique ? Il fallait détourner le détournement !

« Si j'en parlais à notre ex-voisin, qui m'avait manifesté tant de sympathie tout à l'heure ? » Le grand Noir me répondit entre deux gorgées de whisky : « Ne vous faites pas remarquer. S'ils décident d'abattre quelques passagers pour appuyer leurs exigences, mieux vaut se faire oublier. »

Je pensai à ma Céline. Ma femme avait dû apprendre le

détournement par la radio en ignorant que j'en étais la victime, sans se douter que je passerais bientôt au-dessus de sa tête. Jamais je ne mettrais les pieds en Afrique tant qu'elle y vivrait, lui avais-je pourtant juré, attendant qu'elle me supplie de la sortir de l'enfer.

Six mois qu'elle vivait au Ghana avec ce stupide missionnaire anglais, ce Jim Pète-sec qui lui avait tourné la tête. Six mois qu'elle soignait et nourrissait des petits Noirs qui devaient la détester, elle et son curé, comme ils nous détestent tous quand ils ne nous respectent pas.

Tout a commencé le soir de notre anniversaire de mariage lorsque mon patron a enfin accepté de dîner à la maison. Le Dr Stroth a pour règle de ne pas fréquenter les membres de son service ni même ses collègues ou ses propres chefs. Il déjeune seul dans de petits restaurants un peu éloignés du bureau, évitant ceux que les employés de Nestlé fréquentent habituellement. Si l'un d'eux y entre par hasard, il se plonge dans son assiette avec un air si revêche que l'audacieux quitte généralement les lieux. « Le progrès social a au moins apporté un avantage aux salariés, celui de pouvoir dire non aux emmerdeurs quelle que soit leur fonction », m'expliqua-t-il la première fois que j'avais tenté de l'inviter (je venais d'entrer dans son service et j'en ignorais encore les règles). Lorsqu'il avait accepté de partager notre repas d'anniversaire, ma joie fut si profonde que je m'étais aussitôt précipité chez moi pour annoncer à Céline la grande nouvelle. Elle me répondit qu'elle passerait la soirée au cinéma !

« Votre type de conversation m'ennuie à mourir. Fais venir une cuisinière qui ne soit pas obligée de vous écouter et qui, le repas servi, pourra s'enfermer dans la cuisine pour lire *Nous Deux* ! »

Je ne suis jamais meilleur que dans les difficultés. Stimulé par la réticence, l'indifférence ou la mauvaise foi, mon talent de négociateur déploie toute sa finesse. Renoncer à la présence de Céline ? Jamais ! Comment expliquer à mon patron son absence le jour de notre anniversaire de mariage ? J'étais si convaincu d'impressionner ma femme ce soir-là que je mis tout en œuvre pour la convaincre.

— Tu ne crois pas qu'un mariage se fête à deux, pas à trois? me lança-t-elle.

— Nous ne serons pas trois, ma chérie. Le docteur Stroth vient avec sa femme. C'est une réfugiée politique (voilà pour le patriotisme et la xénophobie des Suisses, selon Céline). Le docteur Stroth veut te rencontrer. Tu verras ; il est charmant, cultivé et, comme toi, passionné par les problèmes du tiers monde (et voilà pour le prétendu cynisme de notre politique commerciale en Afrique). Tu verras, ce soir, c'est moi qui serai obligé de me taire!

Le Dr Jurgen Stroth ne résista pas longtemps au portrait que j'en avais tracé. Pourquoi cet entêtement à ce que Céline soit présente ? Pourquoi avoir voulu à tout prix embellir le tableau alors que le Dr Stroth était évidemment le type d'homme (et de Suisse) que ma femme ne supporterait pas. Avais-je imaginé que son écrasante personnalité parviendrait à vaincre les réticences et l'esprit critique de Céline ? C'est vrai que le Dr Stroth en avait vu d'autres ! En fait, j'avais cru que ma femme, par amour pour moi, par fierté, ou au moins par jeu, se comporterait en hôtesse empressée, serviable et discrète, base de toute bonne famille suisse.

Discrète, elle l'a été. Pendant les deux premières heures, elle n'ouvrit pas la bouche. De toute façon, le Dr Stroth avait immédiatement pris la direction de la conversation avec la détermination et l'énergie qu'il met à diriger la division Afrique de Nestlé. Ah ! l'entendre analyser le marché du lait en poudre ! Tout autre femme que Céline en eût été fascinée. Avec quel humour il expliqua comment convaincre le chef d'un état africain au bord de la famine que nos produits vont le sauver, graphiques et cadeaux à l'appui : accueil à Genève, visite chez un banquier et rencontre avec l'hôtesse mise discrètement à sa disposition (rarement une Suisse ou alors du sud du pays). Puis il parla de la femme africaine, de la mère africaine. Même Céline dut reconnaître qu'il avait étudié son sujet et qu'il le connaissait sur le bout des doigts, selon son amusante expression. Et autrement que dans les livres, comme ma femme ! Il nous expliqua pourquoi, biologiquement, la femme africaine allait s'épanouir grâce au lait en poudre, cette poudre magique qui allait la libérer de la faim, de la maladie et de l'asservissement. Il osa quelques plaisanteries discrètes sur la sexualité de la femme ainsi libérée et, encouragé par une œillade de son épouse, il se lança dans une description (un peu lourde) de l'évolution des seins de la femme africaine, avant et après Nestlé.

Céline l'avait d'abord écouté sans broncher, ce qui m'avait rassuré. Après avoir si souvent critiqué mon travail pour en dénoncer les méthodes, cette fois, pensai-je, elle a décidé de faire bonne figure par égard pour notre invité et pour la sécurité de mon emploi.

L'épouse de mon patron était également demeurée attentive et muette, mais j'appris plus tard qu'elle ne parlait que le hongrois.

Je m'aperçus bientôt que Céline ne touchait pratiquement pas aux plats mais qu'elle n'arrêtait pas de boire. A la fin du repas, elle se mêla soudain à la conversation, ou plutôt elle interrompit le monologue du Dr Stroth d'une façon surprenante. Mon patron était en train de raconter son nouveau projet, la production d'une série de films sur l'Afrique à travers des dessins d'enfants, quand elle lui demanda : « Tiens, vous aimez le cinéma ? Avez-vous vu *Drôle de drame* ? »

Devant la stupeur générale, elle ajouta : « C'est un film français d'avant-guerre ». Il y eut un silence. Le Dr Stroth se tourna vers moi, un peu interloqué ; pendant ce temps, son épouse grattait consciencieusement le plat de dessert en souriant. Je suais de grosses gouttes. Pour me donner contenance, je saisis mon verre de vin mais je fus pris d'une telle quinte de toux qu'il se renversa sur ma chemise blanche. Sans se soucier de moi, ma femme, regardant le Dr Stroth dans les yeux, revint à la charge : « *Drôle de drame*, ça ne vous dit vraiment rien ? » La femme de mon patron, croyant sans doute que l'on faisait une plaisanterie à mon sujet (ma chemise était couverte d'une longue traînée rouge) partit d'un rire strident. Pourquoi insistait-elle ? Tout le monde avait compris que mon patron n'avait jamais entendu parler de ce film. Un homme investi de telles responsabilités perd-il du temps à se divertir ? Or, autant que je m'en souvienne, il n'existait aucun lien entre ce film et l'Afrique.

Un signal d'alarme retentit dans ma tête (je suis toujours en éveil) m'avertissant que cette histoire nous entraînait sur un terrain dangereux. Les yeux de ma femme, ses beaux grands yeux verts, étaient devenus intensément gris, presque lumineux. Un petit frémissement rauque à peine perceptible sortait de sa bouche légèrement entrouverte, entre ses lèvres humides. Jamais, je ne l'avais vue ainsi en public. Cette expression, je ne la lui connaissais que pendant l'amour. J'étais paralysé. Au lieu de détourner la conversation en proposant par exemple à nos invités de passer au salon, je restai muet, pendant que Céline poursuivait : « Voilà. Le film se passe à Londres à la fin du siècle dernier. Un couple de vieux bourgeois désargentés (Michel Simon et Françoise Rosay, vous ne les connaissez pas non plus ?) tentent de donner d'eux une impression de respectabilité et d'opulence. Mais comment payer le jeune et beau laitier (Jean-Pierre Aumont) qui vient livrer tous les jours ses bouteilles de lait, sinon à pousser la bonne dans ses bras ? Une solution qui arrange tout le monde : le laitier écoule sa marchandise et couche avec la petite bonne, celle-ci oblige ses patrons à son égard et les vieux bourgeois conservent leur rang, tout en buvant du lait, ce qui est excellent pour la santé, comme vous nous l'avez rappelé tout au long de la soirée. Sans compter que ces livraisons quotidiennes de lait rassurent les autres fournisseurs sur l'état des finances de la maison. Un scénario ingénieux, n'est-ce pas ? Hé bien, à vous écouter, je me rends compte que le métier de laitier n'a guère changé ! J'avais un tout autre souvenir de ce film. Bizarre, non ? »

Le Dr Stroth prétexta un mal de tête (de son épouse) pour s'en aller. Le lendemain, il me conseilla de surveiller mon épouse : « Certains cantons refusent encore le droit de vote aux femmes. Sans vous conseiller de déménager, je pense que l'inactivité lui pèse et que le cinéma ne lui vaut rien. Les boissons alcoolisées non plus. Peut-être qu'elle n'aime pas le lait ? »

Je ne pouvais partager entièrement l'opinion de mon patron au sujet de ma femme et de ses goûts cinématographiques. La magie du cinéma n'est-elle pas à l'origine de notre rencontre ? Dans un avion, songeais-je non sans ironie, pendant qu'un des pirates accrochait un chapelet de grenades à l'une des portes de secours. Un vol Genève-New York.

Après avoir vidé dès le départ un nombre respectable de petites bouteilles de gin, ma voisine s'était assoupie. Au point qu'un ronflement sonore et indécent fut sa seule réponse à l'hôtesse, venue lui proposer les écouteurs. Poussé par je ne sais quel réflexe, je pris deux appareils sans me demander si elle avait envie de regarder le film ou si même elle ouvrirait l'œil avant l'arrivée. Pourquoi ce geste ? Je suis plutôt réservé avec les femmes, et j'avais à peine regardé cette dame. Etait-elle blonde ou brune ? Je n'en savais rien. La seule chose que j'avais remarqué, c'est qu'elle buvait, cul sec, s'il vous plaît, et sans arrêt ! Je me méfie des femmes qui touchent à l'alcool et je les évite car elles deviennent facilement familières. Ma réaction était donc tout à fait inhabituelle, provoquée peut-être par l'altitude, un excès d'oxygène ou de politesse. Après tout, j'aurais pu me comporter de la même façon à l'égard du grand Noir ou du petit pirate olivâtre. Certes, la suite des événements aurait été différente.

Ma voisine se réveilla en grognant quelques minutes après que la séance eut commencé. Je lui tendis ses écouteurs, qu'elle happa en lâchant une brève onomatopée que je pris pour un remerciement. Après avoir plongé dans son sac pour en extraire une paire de lunettes, elle tripota nerveusement tous les boutons de commande de l'appui-bras pour trouver le son. Ses mouvements étaient si brusques qu'à plusieurs reprises, elle me heurta sans s'excuser. Je haussai les épaules et retirai mon bras de l'accoudoir avant qu'il ne se couvrît de bleus. C'est pourtant le genre d'incident que je relève ordinairement mais cette femme, décidément, suscitait beaucoup d'indulgence. Son manège se calma enfin et elle s'enfonça dans son fauteuil. Me laisserait-elle suivre le programme ? Le répit ne dura pas. Au bout de quelques instants, elle me secoua une nouvelle fois le bras : « Excusez-moi. Mon *travel English* est bien balbutiant. Je ne parviens pas à saisir cette intrigue. Seriez-vous assez aimable pour m'expliquer de quoi il s'agit ? »

Rendre service est le meilleur moyen de répondre à un fâcheux, disait mon père, car c'est le mettre face à sa honte. Le fâcheux avait une voix troublante, un murmure rauque, décidé et tendre à la fois, aussi lui répondis-je aussitôt. Le film s'appelait *Avanti !* C'était une délicieuse comédie de Billy Wilder. En interrompre la magie était un crime, mais je m'exécutai.

« Le personnage qui s'agite sur l'écran, c'est Jack Lemmon. Il dirige une importante compagnie aux Etats-Unis. Au début du film, on l'a vu se précipiter dans un avion en direction de Rome. Son père, président de la société, vient de mourir dans un accident de la route, pendant ses vacances à Ischia, une petite île paradisiaque au large de Naples. En homme d'affaires dynamique, Jack Lemmon a organisé les funérailles de son père en quelques heures avant de partir chercher son corps en Italie. Un simple aller-retour, pense-t-il, mais sur place, tout se complique : le transport d'un cadavre nécessite des certificats multiples, un cercueil en zinc, ou plutôt deux cercueils. Car son père n'est pas mort seul. A ses côtés dans la voiture, se trouvait une femme, une Anglaise, dont la fille arrive également à Ischia comme vous le voyez en ce moment… »

Le charme du film avait gagné ma voisine qui suivait, un peu apaisée à présent, la suite des péripéties. De temps en temps, elle m'interrogeait, ayant l'air de trouver mes interventions nécessaires. « Excusez-moi d'être si peu douée pour les langues ! » A la fin de la séance, comme je me penchais vers elle pour lui faire partager mon plaisir (cinématographique), elle tourna la tête et m'embrassa sur la bouche ! Le choc fit voler en l'air nos deux paires de lunettes qui allèrent s'écraser ensemble à quelques fauteuils de là. Il ne restait rien de mes verres. Quelle catastrophe ! Je devais rester trois jours à New York pour participer à une importante négociation, or je suis monstrueusement myope. Sans mes lunettes, impossible de relire les centaines de pages de dossiers et de contrats, de reconnaître même mes interlocuteurs, comprendre leurs réactions ou saisir le geste discret de mes partenaires ! C'était la première mission internationale dont le Dr Stroth me confiait la responsabilité. Il comptait sur mon talent de juriste pour relire attentivement les textes. « A vous de trouver les pièges qu'on y a sûrement glissés ! » m'avait-il prévenu. Il avait ajouté : « Méfiez-vous du barbu de la délégation africaine. C'est un Ghanéen qui est opposé à notre compagnie. Tâchez de l'isoler des autres délégués dans la discussion ». Comment allais-je guetter le barbu alors que j'aurais été incapable de distinguer la couleur de peau de mes interlocuteurs ? Nestlé représentée par un aveugle, belle publicité pour nos produits !

Je ramenai les morceaux de verres de nos deux paires de lunettes, mêlés dans un mouchoir. Lorsque je me laissai tomber dans le fauteuil, ma voisine éclata de rire. Un rire déconcertant, beau et doux, comme si les nuages blancs que nous survolions s'étaient soudain glissés dans la carlingue. Aussitôt, toutes mes inquiétudes s'évanouirent. J'appuyai sur le bouton pour commander des boissons et tirai une couverture.

Grisé par le champagne, je passai le reste du voyage à l'embrasser et à la caresser, les yeux fermés. Quand ma main approcha de sa cuisse nue sous la jupe, le grand Noir me réveilla d'une bourrade. « Nairobi ! » souffla-t-il.

L'avion entama la descente. Comment mon voisin avait-il reconnu notre nouvelle étape ? On ne voyait que des bosquets bas et sombres s'accrochant à des collines pelées. Une voix sèche nous ordonna par haut-parleur de rester assis car nous redécollerions aussitôt fait le plein de carburant. L'atterrissage fut assez brutal. La fatigue commençait à se faire sentir ou bien c'était une façon pour le pilote de rappeler qu'il restait le maître à bord. L'un des pirates, mon ancien voisin, surpris par le choc, perdit l'équilibre et faillit s'étaler dans le couloir central. Deux grenades balançaient à sa ceinture de façon inquiétante. Il se laissa tomber dans le fauteuil qu'il avait occupé au départ à côté de moi. Instinctivement, je m'approchai du grand Noir. Lui que j'avais fui depuis le début de ce voyage, m'était devenu à présent indispensable comme un gri-gri. « Revoilà votre ami ! » me murmura-t-il à l'oreille. « Essayez de profiter de sa présence pour le convaincre de relâcher trois passagers. Trois ! N'en demandons pas davantage dans un premier temps. »

Galvanisé par sa voix calme et ferme, presque autoritaire, je tournai la tête vers mon terroriste de voisin. Mes capacités de négociateur international me revenaient, je le sentais dans tous mes membres. Il suffisait d'y faire appel. « Il lui faut des ordres, mais il les exécute avec imagination », avait écrit le Dr Stroth dans un rapport à mon sujet.

« Ne croyez-vous pas que vous attireriez la sympathie sur vos revendications si vous libériez, disons trois passagers ? » commençai-je. Et j'ajoutai aussitôt (c'était la partie imagination de mes qualités) : « Trois Africains par exemple ». Le terroriste mit du temps à réagir. Peut-être n'avait-il pas entendu ? J'avais parlé à voix basse et les moteurs n'étaient pas encore arrêtés. J'allais lui répéter ma suggestion lorsqu'il marmonna sans me regarder : « Taisez-vous ! Vous n'avez rien à proposer, pas le droit de parler ! Vous n'êtes qu'un chien ! » Le contact était établi, songeai-je avec satisfaction.

Ce n'était pas la première fois qu'une discussion avec ces gens-là commence par des insultes. L'important était qu'il m'ait répondu, reconnaissant ainsi mon existence d'être humain.

Un sentiment de fierté me parcourut, presque un frisson de plaisir, comme ce jour où j'avais réussi à amener à notre table de négociation un fonctionnaire d'un pays communiste d'Afrique qui faisait campagne contre nos produits. Comme prévu, il avait passé la matinée à critiquer notre firme. Le climat s'améliora un peu l'après-midi : il écouta ses collègues sans dire un mot. Le lendemain, il accepta de dîner avec moi et ma femme. Je lui avais parlé de Céline qui connaissait ses travaux. Ils discutèrent avec passion tout au long du repas et on se quitta tard dans la nuit. Je laissai éclater ma joie. Grâce à mon habileté — et à Céline —, j'avais réussi à le séduire et à le neutraliser. Encore un effort, et son pays allait nous acheter du lait en poudre ! Nous fîmes l'amour fiévreusement avant de finir la nuit dans la baignoire, à boire et à chanter. Céline revit le bonhomme pendant les trois derniers jours de son séjour à Genève et s'en fit un ami.

Aussitôt l'avion immobilisé, mon ex-voisin quitta son fauteuil et se rendit dans la cabine de pilotage. Après une longue attente, une camionnette découverte, conduite par un Africain vêtu d'un short et d'une chemisette colorée, fut autorisée à nous ravitailler en nourriture. Les hôtesses distribuèrent notre premier repas depuis le début du vol. Les passagers restaient silencieux mais tendus. Le jeune prêtre, tout raide dans son habit de clergyman, pleurait en silence de l'autre côté de la rangée. Avait-il perdu son rosaire ? Il me fit penser à Jim Pète-sec. Si le missionnaire était à bord, se montrerait-il plus courageux que son collègue ? Aurait-il, comme moi, osé interpeller les terroristes, presque les défier ? Il est facile de régner sur un village de la jungle, assis sur des caisses de provisions et de médicaments et de donner des leçons d'hygiène à des Africains affamés, désarmés, d'avance soumis ! Ce Livingstone de pacotille pouvait se faire passer aux yeux de ma naïve épouse pour un aventurier de l'aide humanitaire, faire illusion au fond de la brousse dans un décor fabriqué pour incarner son rêve. Mais face à un véritable challenge, comment se comporterait-il ? Il la fermerait, c'est sûr, le nez dans son livre de prières ! L'expérience de l'Afrique, ce n'est pas en Afrique qu'on l'acquiert. C'est à Genève, à Rome, à New York. Pas en gavant des petits Noirs mais en négociant avec leurs dirigeants, en signant avec eux des contrats de vente, en leur obtenant des crédits, en soutirant des garanties, en menaçant d'interrompre les livraisons quand elles sont engagées, en flattant leurs instincts, en jouant sur leur soif de pouvoir et en leur faisant des cadeaux. Ah ! Il pouvait se moquer de moi, Jim Pète-sec, dénoncer mon métier avec des formules creuses, opposer à mon commerce colonial et mon exploitation de la faim, son aide désintéressée et ses paquets de nourriture gratuits, si je n'existais plus, il disparaîtrait aussi ! Où trouverait-il ses paquets si Nestlé ne les fabriquait plus ? Et s'il n'y avait plus de ports pour les faire entrer, plus de routes pour les transporter, plus d'agriculteurs pour fournir les matières premières ? Sans les dirigeants que nous formons, qui gouvernerait ces pays ? La nature envahirait tout et la forêt vierge engloutirait les villes et ses chers petits Noirs au fond de la nuit. Alors, que deviendrait Jim Pète-sec s'il n'était plus en mesure de nourrir ses chers protégés ?

La rage du missionnaire lorsque je lui avais lancé ce discours à la tête à l'issue d'une de ses conférences où ma femme m'avait entraîné ! Il lui était facile de briller devant une salle de partisans, convaincus d'avance, prêts à verser leur obole pour soulager leur mauvaise conscience d'Occidentaux repus. Ce n'est pas mon cas ! Comme je le dis souvent à Céline : « Je suis fier d'être Suisse ; ce n'est pas seulement une nationalité, c'est une façon de penser, un certain état de la civilisation ». Céline (qui est restée Belge après notre mariage) faisait semblant de détester cette phrase. La première fois, elle m'avait répliqué : « la Suisse vit sur le dos d'un tas de monde, sans en faire vivre aucun ». Nous étions sur la terrasse au premier étage de la maison, la nuit était douce et nous regardions le grand jet d'eau qui s'élève au-dessus du lac de Genève. Sa réponse m'avait d'abord interloqué, puis j'avais éclaté de rire. J'aimais sa franchise, son ton mutin et son indépendance. Je m'approchai de ses lèvres et l'entraînai sur le canapé. Nous étions tous deux haletants, fiévreux, pressés. « Tu vois, lui dis-je en la caressant, qu'être Suisse, c'est une forme de civilisation… »

— Non, c'est moi qui ai raison, murmura-t-elle pendant que je la pénétrais, les Suisses vivent sur le dos des gens…

Pendant des mois, cette plaisanterie fit nos délices surtout en société. Lorsqu'une soirée devenait trop ennuyeuse, que les invités commençaient à discuter fiévreusement, je prenais la parole d'un ton pédant : « Je suis fier d'être Suisse ; ce n'est pas seulement une nationalité, c'est une façon de penser, un certain état de la civilisation ». Céline s'empressait de me contredire, à la satisfaction générale : « Les Suisses vivent sur le dos d'un tas de monde, sans en faire vivre aucun ». Mais la querelle de ménage que tout le monde espérait tournait court. Nous éclations de rire à la stupeur générale et nous nous réfugiions dans un coin pour nous embrasser. Cette plaisanterie cessa peu à peu de nous amuser. Un jour, au cours d'une conférence sur la faim, trouvant l'orateur assommant, je lançai à haute voix, indifférent aux « chut ! » de mes voisins : « Monsieur, moi, je suis fier d'être Suisse… » Mais Céline me coupa la parole devant toute la salle et changea soudain sa réplique : « Alors moi, je suis bien contente d'être Belge ! » Je m'enfuis sous les sarcasmes des spectateurs. Depuis lors, il lui suffisait de prononcer cette phrase pour me rendre furieux. L'effet en était presque mécanique. Je commençais à crier et je sortais de la pièce en claquant la porte. Magie du langage : la même phrase qui nous avait poussés dans les bras l'un de l'autre, nous rendait étrangers.

C'était la mode à présent de dénoncer le comportement de nos entreprises dans les pays africains. Bien entendu, Céline s'enthousiasma pour cette nouvelle cause. Elle mit son énergie et sa compétence (elle était diplômée en sciences humaines) au service de ses prophètes. J'étais en première ligne pour servir de repoussoir. Elle avait accumulé livres et articles. Mes arguments s'effondraient devant les montagnes de chiffres, les témoignages sur les ravages du lait en poudre et sa mauvaise foi. Des paquets de photocopies, soulignées au marqueur vert, m'attendaient lorsque je me glissais dans le lit. Elle m'obligeait à les lire jusqu'à la dernière ligne avant de la toucher.

Une nuit, alors que j'étais rentré harassé d'une interminable réunion, Céline me remit un énorme tas de papiers dont je fis une boule puis j'empoignai ma femme et la balançai sur le matelas. Lorsque je tentai de la prendre sur son paquet de papiers, elle me repoussa en hurlant. Après m'avoir mordu jusqu'au sang, elle passa le reste de la nuit enfermée dans la salle de bains.

Ces querelles ne nous menaient à rien. Je changeai de tactique. Désormais, je la suivis dans ses débats et ses conférences. J'assistai à des exposés brouillons, à des échanges confus au cours desquels des agitateurs, tels des mystiques du Moyen Age, dénonçaient le travail de nos plus brillantes entreprises. Le lait en poudre se transformait dans leurs discours venimeux en un poison diabolique dont les pourvoyeurs devaient être brûlés comme des hérétiques. Ah, Calvin ! quelle rage as-tu versée dans notre sang ! Même Céline finit par reconnaître que ces révolutionnaires de salon étaient avant tout de creux bavards, lorsqu'elle découvrit Jim Pète-sec.

C'est vrai qu'au premier abord, il paraissait brillant et subtil, comparé aux autres. Son sens de la mise en scène faisait illusion. Mais son discours n'était pas différent.

Notre première rencontre avec Jim Pète-sec eut lieu dans une salle de concerts. Une belle salle aux murs recouverts de bois blanc dans une maison de la culture toute moderne, construite par les dirigeants d'une municipalité désireux de prouver à leurs électeurs que leur argent était prudemment investi dans l'immobilier. Des musiciens africains bien propres dans leur frac impeccable accueillirent les spectateurs avec un concerto de Mozart. Puis ils enchaînèrent avec Prokofiev. Qu'on était loin de l'atmosphère pesante et rageuse des habituelles réunions de ce genre ! La musique admirable aérait la salle, emportant les miasmes de la maladie, de la misère et de la faim. Lorsque les musiciens s'arrêtèrent de jouer, la salle fut plongée dans l'obscurité et le silence. Pendant ce temps, les derniers frissons de la musique perlaient le long de la peau. Puis un spot s'alluma et Jim Pète-sec monta sur la scène, revêtu d'un strict habit gris perle.

Il était grand, fort, avec des cheveux blonds très longs et des yeux gris incroyablement lumineux (il se mettait sans doute du collyre avant chaque prestation). Tout en lui aurait respiré la franchise, l'honnêteté, la bonté fondamentale de l'être humain tel que Dieu l'avait rêvé, si son menton ne se dissimulait sous une courte barbe presque rousse.

Il prit la parole. On s'attendait à une voix puissante, à un ton décidé, or c'était comme si la musique avait repris. Il parlait avec douceur, mais sans onctuosité, sur un timbre si parfait qu'on avait envie de fermer les yeux et de se laisser bercer. Ah, il connaissait son charme, le bougre ! J'ai bien failli me laisser séduire, comme tout le reste de la salle, jusqu'à ce que je surprenne Céline buvant ses paroles. Elle était fascinée, dodelinant de la tête comme une minette au concert de son chanteur favori. Elle approuvait chacune de ses phrases, l'encourageait, le vénérait. Bientôt elle lui crierait « bis » pour qu'il relise le dernier feuillet, accompagné par l'orchestre. D'ici à ce qu'elle épingle sa photo dédicacée au-dessus de notre lit, il n'y avait qu'un pas ! Je repris mes esprits et prêtai enfin attention au contenu de son discours. Il me glaça. Sous l'emballage de velours, l'ange récitait le texte du démon ! Jamais aucun militant ne s'était montré aussi implacable. Il savait les mots qui font mal. Lorsqu'un ennemi était désigné, toute la salle avait envie de le tuer ; c'était lui qui faisait semblant de réfréner les ardeurs de ses partisans. A l'entendre, on s'étonnait que la Suisse pût compter encore tant de banques, tant d'entreprises internationales, tant de commerçants égoïstes et qu'il s'y trouvât tant de gens pour y travailler sans honte.

Je ne pus en entendre davantage. Je demandai la parole. Sans doute était-il habitué à voir se lever des hommes en cravate, bien nourris, venus implorer son pardon, désormais dévoués à sa cause. C'est pourquoi il me fit un large sourire et invita une des hôtesses portant un micro baladeur (il était bien organisé) à me le tendre. Céline voulut m'arrêter. Elle me tira par le bras et me souffla : « Non ! Ne recommence pas ! » Puis elle ajouta d'une voix soudain radoucie : « Je te le demande pour nous, ne t'en mêle pas, s'il te plaît ». Quelle sottise ! Je savais ce que j'avais à faire : casser le numéro de cet acrobate, démontrer sa fourberie et sa vanité.

Quittant mon fauteuil, je me dressai au bout de la rangée, devant le micro. Ma voix n'évoquait peut-être pas les anges, et mes notes n'avaient pas été composées par Mozart ou Prokofiev mais j'allais dissiper le charme factice de Jim Pète-sec et réveiller les spectateurs.

— Nous avons entendu une musique sublime qui nous a emmenés très haut dans le ciel puis un sermon magnifique qui nous a encore un peu plus rapprochés de Dieu. A présent, revenons sur la terre. On a parlé de l'activité de nos entreprises comme si elles étaient l'œuvre du diable. Est-ce un péché de vivre dans le régime que nous avons choisi ? Est-ce un péché d'avoir créé des établissements prospères qui commercent avec le monde entier grâce au talent et à l'imagination des hommes d'affaires dynamiques de chez nous ? Ils font vivre des travailleurs depuis des siècles, est-ce contraire à sa Loi ? Que produisent ces entreprises ? Des armes ? Des bombes ? Des marchandises qui provoquent la misère, la maladie ou la mort ? Non ! Elles fabriquent de la nourriture ! Elles calment la faim en offrant la santé. C'est cela qu'on nous reproche !

Malgré les remous que mes propos provoquaient dans la salle, je continuai, empoignant bien fermement le micro comme si l'hôtesse allait me l'arracher. Mais elle ne faisait pas un geste. Elle me regardait avec un sourire figé. Sans doute une étrangère qui ne comprenait pas ce qui était en train de se passer et qui croyait que je faisais partie du spectacle.

— Je suis fier d'être Suisse car être Suisse, ce n'est pas seulement une nationalité, c'est une façon de penser, un certain état de la civilisation. Je suis également fier de travailler chez Nestlé. Un nom qui provoque le frisson chez certains d'entre vous.

Le frisson, c'était peu dire. Il y eut d'abord un moment de silence total et incrédule comme si l'assistance refusait de se fier à son ouïe ou qu'elle se demandait si mon numéro n'était pas destiné, comme celui des musiciens noirs qui m'avaient précédé, à créer l'atmosphère. Puis l'agitation reprit ; les fauteuils grinçaient au même rythme que les dents. J'élevai la voix pour couvrir le tumulte.

— Nestlé nourrit le monde entier. Est-ce un crime ? Les horreurs qui sortent de nos usines s'appellent : du lait, du chocolat, de la soupe et du jus de fruit en boîte ! Voilà ce que nous fabriquons, nous en sommes fiers. Le lait Montblanc, c'est nous. Comme le yaourt Chambourcy, le jus de fruit Libby, la soupe Maggi, le poisson congelé Findus, l'eau minérale Vittel, la glace Gervais et les produits Guigoz. Lactogen, c'est nous aussi, et Nescafé et Nescoré. Et Peter, Cailler et Kohler. Et Caro, Milo et Lorso. Et

Jopa, Nidina, Nativa, Nestea. Faut-il en avoir honte ? Jamais le monde n'a si bien mangé, jamais il n'a été en si bonne santé. Qui, croyez-vous, nourrit le tiers monde ? Vous ? Mais si nous n'existions pas, où chercheriez-vous les produits nécessaires pour vos protégés ? Il ne vous resterait plus que des bibles à distribuer !

Je continuai sur le même ton pendant quelques minutes malgré les protestations de plus en plus vives d'une partie du public. Le tumulte rendait mon intervention inaudible. Finalement, Jim Pète-sec perdant patience, me coupa parole et micro.

Sa voix s'était complètement transformée. Son charme étudié, qui nous avait tant subjugués, avait fondu comme le maquillage d'un vieil acteur à la fin d'une longue représentation. Il se lança, d'un ton cassant, dans un discours animé et haineux qui se perdit rapidement dans le brouhaha. C'était plus que la salle n'en pouvait supporter. Elle avait été préparée à un grand spectacle. Celui qu'on lui offrait dépassait son attente mais, les acteurs n'étant pas à la mesure de l'événement, les spectateurs avaient décidé de prendre les choses en main. La participation directe du public est une vieille tradition suisse.

Un grand bonhomme sale se leva en me regardant l'œil mauvais, bientôt suivi par quelques compères. Avec une bagarre, la soirée de Jim Pète-sec allait virer au désastre. Dieu, j'aurais voulu assister à ce fiasco ! Mais qu'en aurais-je vu avec un nez écrasé et des yeux au beurre noir ? Aussi, laissant tomber le micro sur le tapis, je m'engouffrai dans la sortie de secours qui se trouvait juste derrière moi et retrouvai le parking. En attendant Céline, j'allumai la radio cherchant fébrilement de la musique classique, elle seule pouvait m'apaiser. Après beaucoup de tâtonnements, j'entendis enfin un violon et un piano que je me préparais à siroter quand je reconnus, hélas, la sonate de Prokofiev que le missionnaire roux avait choisi pour ouvrir la soirée. Je tournai le bouton en gémissant.

Il ne fallut pas attendre longtemps la sortie des autres spectateurs. L'air frais rendit la plupart d'entre eux conscients de s'être égarés. Ils s'éloignèrent rapidement, pressés de regagner leurs paisibles foyers. D'autres restés sur le perron s'étaient lancés dans une conversation animée mais je ne parvenais pas à saisir ce qui se disait ; juste un rire de temps en temps. Je fixai leurs visages hilares. Se moquaient-ils de moi ?

Peu à peu, les derniers bavards s'en allèrent à leur tour en traînant l'allure, regrettant d'être privés de leurs complaisants interlocuteurs. Enfin, les lumières de la salle s'éteignirent. Et toujours pas de Céline…

Après avoir jeté un coup d'œil pour m'assurer que les lieux étaient déserts et qu'il n'y avait pas de mauvais coup à redouter, je quittai la voiture et montai les quelques marches qui menaient à l'entrée. Les portes étaient fermées. Derrière les vitres, l'intérieur du bâtiment semblait plongé dans l'obscurité. Céline s'était-elle endormie ? Cela m'arrive régulièrement lorsqu'une soirée devient particulièrement tendue. Pour la réveiller, je voulais bien jouer au prince charmant mais pas au risque de commettre une effraction.

Je secouai longuement les portes, mais le raffut n'attira personne. A l'arrière du bâtiment, il y avait deux autres portes, elles aussi verrouillées. Céline était-elle partie en croyant que je ne l'avais pas attendue ?

Je me précipitai dans une cabine pour former notre numéro de téléphone. La sonnerie résonna une cinquantaine de fois avant que je ne me décide à raccrocher. La maison était toujours déserte. Céline s'était-elle laissé enfermer pour jouir le reste de la nuit de l'écho de la conférence du missionnaire ? Je fis couler un bain très chaud dans lequel je m'enfonçai, toutes les lumières éteintes.

Les vociférations de la femme de ménage me réveillèrent le lendemain matin dans la baignoire. Elle me suivit en braillant pendant que je parcourais toutes les pièces en dégoulinant d'eau. Qu'est-ce qu'elle me voulait ? Bien sûr que je laissais des traces sur le parquet, mais c'était aussi mon parquet, après tout ! Devais-je me justifier auprès de ma femme de ménage ? De toute façon elle ne parlait que polonais…

En partant au bureau, je laissai un mot pour Céline. A tout hasard. Après trois heures de travail, lorsque je commandai à l'ordinateur d'imprimer le rapport que j'avais fiévreusement tapé, impossible, tout s'était effacé. Inutile de m'acharner ! Il fallait que j'atteigne Céline. Je tentai d'appeler mon domicile. La femme de ménage avait pour consigne de ne pas répondre au téléphone mais l'interminable sonnerie eut raison de mes ordres. « Allô, allô, allô », cria-t-elle, suivi d'une série de borborygmes. Je raccrochai sans un mot. Une heure après, je renouvelai ma tentative plus brièvement, puis une fois encore, un peu plus tard. Toujours sans résultat. J'étais tellement énervé que je chargeai ma secrétaire d'appeler toutes les heures jusqu'à ce qu'elle atteigne mon épouse.

La perspective d'une nouvelle nuit sans Céline me déprimait profondément. Je songeai à passer la soirée avec des amis. Des amis ? Quels amis ? Quant à dîner seul dans un restaurant, l'idée m'a toujours paru insupportable. Les autres convives fixent le solitaire comme s'il souffrait d'une maladie contagieuse ou alors ils l'envient, obligés qu'ils sont, eux, d'alimenter la conversation de leur convive. Quant au personnel, il déteste ce client qui occupe seul la place de plusieurs personnes et qui n'aura pas honte de vérifier la note avant d'abandonner un pourboire misérable, solitaire. On le sert à toute vitesse, on enlève son assiette alors qu'elle est encore à moitié pleine et on lui apporte l'addition en même temps que le café, pressé de le faire sortir le plus rapidement possible. Restent les bars. Mais je n'aime pas les bars. Affichant un air dégagé, les hommes se recroquevillent dans les coins, le plus loin possible des autres, toutes griffes dehors en attendant l'apparition d'une femme, qu'ils puissent séduire et emmener. Je déteste cette atmosphère sournoise de sourde compétition. D'ailleurs, je n'aime pas les femmes qui hantent seules les bars. Je rentrai donc chez moi.

Céline m'attendait. Elle avait revêtu sa robe la plus attirante, celle que je lui avais offerte pendant un week-end de folie à Londres. Une robe moulante, fendue haut sur la cuisse, dont le décolleté laissant voir la naissance des seins donnait envie de la déshabiller sans plus attendre. La table était dressée, illuminée par deux bougies roses plantées dans le vieux bougeoir en argent. Le feu brûlait dans la cheminée. Elle ne dit rien. Mais son regard reflétait la lueur des bougies, sa peau d'ivoire palpitait et son odeur se mêlait à celle du feu de bois. Son serre-cou de cuir et de métal faisait penser à un collier de chien. Je la voulais, j'avais besoin de la battre puis de la pénétrer et de jouir immédiatement.

Le lendemain, je racontai au Dr Stroth comment j'avais interpellé Jim Pète-sec et le tour qu'avait pris ensuite la soirée (j'arrêtai le récit au moment de mon évasion de la salle).

— Votre femme a-t-elle apprécié votre intervention ? me demanda-t-il après m'avoir félicité.

— Je crois qu'elle a été tout à fait convaincue par ma démonstration, répondis-je non sans fierté.

Deux mois plus tard, elle s'en allait en Afrique.

Alain Berenboom

La petite mort

Extrait de *Mlle Bovary*, roman, Maxime Benoît-Jeannin, Le Cri.

Pour aller de la rue Duphot à la rue du Caire, on prenait les grands boulevards. Si bien que, se déplaçant au trot léger du cheval, le fiacre transportant Berthe et Louise, le long des larges artères que le soleil éclairait encore, évoquait un véhicule de promenades langoureuses, et non le char rapide emmenant deux filles à un rendez-vous vénal.

Lydia d'Argency donnait des détails sur Lheureux, sa façon de prendre son plaisir.

— Oh ! c'est un compliqué celui-là ! Plus jeune, si tu veux mon avis, il ne devait pas être commode. Maintenant, comme lui-même s'en vante, c'est un contemplatif… un *voyeur*… Il faut être très polie, ne pas le contrarier…

— Boira-t-on ? dit Berthe.

— Du champagne… je l'utilise surtout pour me rincer la bouche…

Et elle partit d'un éclat de rire qui sentait sa grue.

— J'aimerais boire en arrivant… j'ai besoin d'être grisée, assura Berthe.

— Oh, tant que tu voudras… Il me déplairait que tu fusses froide.

— Et lui, il boit ? questionna Berthe.

— Oui, mais il faut lui offrir la coupe, et la tenir, tant qu'il la vide. C'est un vieux noceur, il a ses manies.

— Descendons à la Madeleine.

— Pourquoi ? Tu dois prier ?

— Je veux !

— Bien, Madame !

Louise se pencha par la portière, et dit l'arrêt au cocher.

Et à Berthe :

— Contente ?

— Je voulais marcher un peu avant de monter, dit Berthe. Et surtout, respirer.

La maison Lheureux, par chance, n'employait pas de concierge. Selon Louise, le financier en était le seul habitant.

En montant l'escalier qui conduisait à l'appartement, situé juste au-dessus des bureaux, Berthe se sentait agitée de craintes et de pressentiments. Elle avait peur qu'une fois là-haut, face au vieil homme, la résolution lui manquât. En dehors des scrupules de conscience, ce qu'elle avait projeté d'accomplir n'était pas simple à exécuter. Comment lui faire avaler le poison sans provoquer sa méfiance ? Tout ce à quoi elle avait évité de penser l'assaillait maintenant. Elle marqua un temps d'arrêt.

Louise se retourna et la tira par la main.

— Je me chargerai de la partie la plus désagréable de l'opération, dit-elle.

Si elle savait ! songea Berthe.

Deux coups furent frappés à la porte. Une voix doucereuse et humble demanda aussitôt ce que l'on désirait.

— C'est moi, mon canard, ta Lydia, avec une surprise, dit Louise.

— J'ouvre, dit la voix, qui avait pris du volume et était maintenant assurée.

On déverrouilla, on enleva des chaînes ; on entrebâilla la porte: une figure molle et grasse se montra à peine.

— Ma toute belle…

La porte s'ouvrit en grand. La courtisane entra la première.

Lheureux joignit les mains en voyant Berthe.

— Oh ! oh ! l'exquise enfant…

Il lui saisit la main et la fit avancer dans la pièce. Il bavait d'envie.

— Il faut s'enfermer, mes belles… C'est que monsieur Lheureux se méfie… Surtout, débarrassez-vous !

Il retourna à la porte, s'employant à pousser les verrous et à replacer les chaînes. Quand cela fut terminé, il se frotta les mains et suivit à petits pas Berthe et sa complice.

— Nous sommes tranquilles maintenant…

Berthe avait déjà découvert un boudoir tendu de bleu clair, des gravures érotiques, dans le goût d'Andréa de Nerciat, puis l'alcôve. L'ameublement était sommaire. Un fauteuil à oreillettes avec, à portée de main, un guéridon, qui supportait une bouteille de champagne dans un seau et trois coupes de cristal. D'autres bouteilles entouraient le pied de la petite table. Un objet, que l'on cache habituellement, trônait entre le guéridon et le lit. Il s'agissait d'un *bourdaloue* de Saxe, à l'anse faite d'un tortil de ronces entouré d'une guirlande de fleurs, autrement dit d'un pot de chambre réservé à l'usage féminin. On comprenait, à le voir si peu discret, qu'il ne comptait pas pour rien dans les passions du vieux scélérat.

— Allons ! que l'on se mette nue ! Plus vite que ça !

Louise obtempéra avec une docilité de professionnelle, mais Lheureux protesta :

— La nouvelle d'abord ! Toi, je te connais trop bien…

Le financier tomba à genoux, et joignit les mains, tandis qu'il tentait de fourrer sa tête sous la robe. Le nez en avant, comme un chien de chasse, il reniflait dans les froissements du tissu.

Berthe crut s'évanouir de honte. Mais la pensée de sa mère, mourant dans les plus atroces souffrances, la fortifia. D'un geste, elle retira le paquet caché sous son aisselle et l'enfonça entre le matelas et le sommier du lit. Elle avait profité de ce que sa compagne avait dû, pour être plus libre de ses mouvements, achever de retirer sa robe. Le poison était dans la place.

Berthe rejeta son châle, et la courtisane la dénuda ; la robe, le corset, les pantalons suivirent. Chaque pièce de vêtement, jusqu'à la plus intime, fut happée, examinée par Lheureux (« J'ai l'œil américain », disait-il) et respirée avec avidité, au milieu de petits jappements de contentement.

— Les bas ? questionna la courtisane.

— Qu'elle les garde ! implora le financier. C'est trop beau ainsi!

Berthe ne verrait jamais un vieillard s'avilir comme Lheureux.

Bientôt, grâce aux caresses, aux attouchements de sa compagne, elle se retrouvait le corps en feu, mais la tête froide.

Lheureux s'était avachi dans le fauteuil ; et , ayant ouvert son pantalon, il avait écarté les pans de sa chemise. Il scrutait les mouvements des deux femmes.

Berthe songeait que rien ne se déroulait comme il fallait pour favoriser sa vengeance. Tout en éprouvant de terribles jouissances, qui lui secouaient le corps, elle ne se voyait jamais en situation de faire ingurgiter le poison à l'abominable scélérat. Le champagne coulait dans son gosier, et elle rendait ses caresses à Louise pour la plus grande joie de Lheureux.

Elle perdit le sens du temps.

Et alors, soudain, au milieu des plaisirs, Lheureux rugissait :

— A moi ! à moi ! Vite !

Son torse adipeux pris de soubresauts, le vieux riait.

Louise se redressa. Son visage rouge et en sueur resta un moment suspendu au-dessus du sillon charnu de Berthe.

— Prépare le champagne, dit la courtisane.

Elle quitta l'alcôve, non sans déposer un baiser sur la cheville de Berthe, et alla s'agenouiller entre les jambes tremblotantes de Lheureux.

De la grosse bouche charnue du financier jaillit un soupir. Sa face devint apoplectique.

Berthe laissa pendre ses jambes hors de l'alcôve ; ses bas étaient tirebouchonnés.

Debout près du guéridon, elle versa le champagne dans la seule coupe encore sèche, celle de Lheureux. Puis se plaçant près du fauteuil, elle fit boire, avec un soin de sœur de charité, le vieil érotomane ; une coupe, puis deux… Les petits yeux noirs du débauché brillaient de félicité. On eût dit que son visage empourpré allait virer au violet. D'une main distraite Lheureux caressait la hanche de Berthe. D'une certaine manière, l'usurier cauchois s'était humanisé avec le temps. A l'époque de sa relative jeunesse à Yonville, son âpreté au gain lui interdisait les jouissances de la chair. En lui, elle dévorait tout. La pauvre Emma n'avait même pas pu, pour se sauver, exciter sa concupiscence.

Berthe s'apprêtait à exécuter son dessein. Une autre occasion ne se représenterait peut-être plus de la nuit. La courtisane était à sa besogne, et Lheureux abandonné à ses ébranlements de moelle épinière.

Vite, Berthe retourna à l'alcôve, et plongeant la main sous le matelas, saisit le paquet contenant le poison. Une plainte rauque la fit se retourner. Le visage de Lheureux avait changé de couleur ; gris, cendreux, on eût dit celui d'un mort. Berthe hésita ; ce n'était peut-être plus la peine… Mais le visage du scélérat refleurit, retrouvant un teint de brique bien rouge.

Berthe ouvrit le paquet, fit couler un peu de poudre dans le fond de la coupe, qu'elle remplit de champagne. Lheureux avait à ce moment la bouche grande ouverte ; Berthe y vida la coupe.

— Soif ! s'écria Lheureux, encore !

Elle recommença ; et, à mesure, qu'elle remplissait la coupe et la versait entre les grosses lèvres du financier, elle augmentait la dose de poison.

Ah ! comme elle aurait aimé crier dans l'oreille de Lheureux qu'elle le tuait, et pourquoi, pendant que la courtisane essayait de le mener à la petite mort ! Mais sa langue était comme paralysée dans sa bouche. Elle-même croyait ressentir les affres de l'empoisonnement.

A un moment, entendant Lheureux se plaindre que sa soif fût dévorante, elle versa simplement la poudre dans la bouteille et le mélange ainsi obtenu dans la gorge même du financier, qui, après un hoquet, hurla :

— Ça brûle ! ça brûle ! Au secours !

Soudain, il se redressa sur ses jambes, foula Louise aux pieds, et courut dans la chambre en tournoyant sur lui-même, les mains crispées sur l'estomac. Ses yeux étaient dilatés de terreur ; cela le rongeait en dedans, comme si une bête inexorable lui arrachait l'estomac et les entrailles.

Lheureux eut un renvoi terrible ; sa bouche tordue de douleur expulsa un jet noirâtre sur le mur.

Il s'abattit brutalement sur le sol ; et, après un long frisson, qui fit s'arc-bouter son gros corps, ce fut fini.

La courtisane secoua la tête, incrédule. Ne s'étant rendu compte de rien, elle attribuait à sa science de l'irrumation la perte fatale de son client, tout en refusant la moindre culpabilité. C'était un accident.

Quant à Berthe, elle avait tant souhaité la fin de Lheureux ces derniers jours, qu'elle ne parvenait pas encore à y croire. Après la mort de quelqu'un, même dans le cas d'un assassinat, il y a toujours comme une stupéfaction qui se dégage, tant il est difficile de comprendre cette survenue du néant.

Enfin, elle s'approcha du corps, et, sans hésiter, elle écrasa la face sans vie sous sa chaussure.

Cet acte de profanation étonna Louise ; ignorant tout de la responsabilité de Berthe, elle n'en comprenait pas la portée. Mais, au lieu de demander des éclaircissements, elle récrimina :

— Ah, il fallait bien que cela m'arrive…

Et, après un temps, car les courtisanes sont superstitieuses comme les Romaines du Bas-Empire :

— Tu ne m'as pas porté bonheur !

Elle courut à l'alcôve et ouvrit le tiroir de la table de chevet. Elle ramassa les Napoléons qu'il contenait. L'air décidé, elle fit face à Berthe.

— Je garde tout. C'est moi qui ai travaillé, affirma-t-elle, farouche.

— Tu as raison, dit Berthe.

L'autre, qui s'attendait à une résistance, à un marchandage, fut désarmée.

— Je vois que tu me comprends, dit-elle. Moi, je n'ai que mon cul à vendre, alors…

— N'en parlons plus, dit Berthe, et partons d'ici. Il est tout de même mort.

— Certains vieux sont fragiles, dit la courtisane. L'ennui, c'est quand il faut fournir des explications… Oh, et puis, on ne se connaît pas, on ne s'est jamais vu, n'est-ce pas ?

— Oui, dit Berthe, c'est mieux ainsi.

La courtisane saisit la coupe de Lheureux, sans remarquer le résidu blanchâtre qui collait au fond.

— Buvons la dernière, et allons nous coucher, proposa-t-elle.

Très doucement, Berthe lui retira la coupe, et la brisa sur le sol.

— C'était la sienne, il a bu dedans.

La courtisane eut une expression de dégoût.

Berthe fit sauter le bouchon de la dernière bouteille, et versa le champagne dans les autres coupes.

Louise but avidement.

— Encore, dit-elle.

Berthe la resservit. La mousse déborda. Les deux complices trinquèrent.

A un moment, le regard de la courtisane se porta sur le guéridon. Un paquet à l'enveloppe brunâtre déchirée au bout, et par où s'était échappée une poudre blanche, l'intrigua. Elle tendit la main, pour mieux l'examiner, mais Berthe l'en dissuada :

— N'y touche pas ! C'est du poison !

La courtisane le prit d'abord à la blague ; puis, à l'expression de Berthe, elle comprit qu'elle avait tort.

D'instinct, elle s'écarta de cette compagne secrète, que le destin lui avait envoyée, ramassa ses vêtements, et se rhabilla.

Berthe s'assit dans le fauteuil à oreillettes, remonta ses bas, les tendit sur ses cuisses, et rajusta ses jarretières.

Louise avait enfilé ses pantalons.

— Je comprends pourquoi tu étais si calme, dit-elle. Je

trouvais que tu avais du cran... En tout cas, nos routes se séparent ici. Je n'ai jamais tué personne, moi.

— Il faut que tu saches, dit Berthe en croisant les jambes.

La courtisane s'inclina ; la curiosité la dévorait ; elle aimait trop les histoires criminelles et connaître le dessous des cartes. Il ne lui en fallut pas plus pour demeurer en pantalons dans cette chambre puant l'orgie et la mort, près du cadavre encore chaud de Lheureux, à écouter Berthe lui faire le récit de sa vengeance.

Berthe et Louise s'étaient séparées sans même un adieu, boulevard de la Madeleine, vers deux heures du matin.

Dans le fiacre qui la ramenait à son domicile par les rues vides, Mme de la Huchette, née Bovary, ne pensait à rien. Elle éprouvait seulement des sensations ; ainsi que la nuit était douce. Elle s'y sentait solitaire et eût offert une fortune pour qu'un jeune homme l'attendît dans son lit. Jérôme ? Un inconnu lui eût convenu davantage, car elle n'avait pas envie de se confier. Le crime était scellé en elle, plus profondément que dans l'océan. Berthe désirait simplement dormir dans des bras virils et respirer un parfum d'homme.

Le bruit des sabots sur les pavés de bois berçait sa nostalgie et son esprit engourdi se remit à fonctionner. Deux hommes étaient déjà morts devant elle, dans la nudité originelle de l'instinct. Rodolphe, son mari, avait présumé de ses forces. Lheureux, elle l'avait tué, aidée par la santé déficiente du scélérat. Le poison aurait mis beaucoup de temps à le faire mourir, si le cœur n'avait lâché. Les agonies à l'arsenic étaient généralement longues.

Une autre pensée, frivole celle-là, l'aiguillonna : pourquoi n'irait-elle pas terminer la nuit au Grand-Seize, avec Anna Deslions ? Un instant, elle fut tentée d'ordonner au cocher la destination de ce fameux lieu de plaisir, l'un des salons du Café anglais, puis y renonça, par crainte de l'inconnu. Elle ignorait comment se tenir dans le grand monde. A tout prendre, même seule, elle serait mieux dans son lit.

Elle y resta trois jours, à boire des tisanes, à dormir, à rêvasser, et à lire les petits journaux. On n'y parlait pas du crime. Il est vrai qu'avant de quitter l'appartement du financier, Berthe et son involontaire complice avaient nettoyé les coupes dans la cuisine, enlevé les débris de cristal et caché le restant de poison sous l'évier. La police de l'époque ne procédant guère de manière scientifique, il eût été vraiment extraordinaire qu'elle découvrît la cause du décès de Lheureux. A première vue, la police croirait qu'il était dû à l'orgie, fin somme toute assez naturelle pour un vieux débauché. Si les autorités le faisaient ouvrir et autopsier, elles découvriraient les traces d'arsenic. Même dans ce cas, Berthe se sentirait l'âme tranquille. Un peu après le quinze août, alors qu'elle préparait ses bagages, elle lut à propos dans une feuille que « M. Lheureux avait vraisemblablement été empoisonné. Rien n'ayant été dérobé à son domicile, ni à ses bureaux, la police penchait pour un crime passionnel. » Elle n'en partit pas moins le cœur léger à Rouen. Elle ne craignait pas la police et se sentait capable de lui résister, si on remontait jusqu'à elle. De Rouen, elle gagna Yonville par l'antique diligence que sa mère avait si souvent prise.

Berthe retrouva la Huchette avec un plaisir qui la surprit. Elle y passa cinq jours seule, à écouter les potins d'Amélie, la servante, à entendre le rapport de son régisseur et à se promener. Elle voulut également voir Cyprien, le vieux valet de Rodolphe, mais on lui apprit qu'il habitait maintenant une fermette dans les environs.

Le sentiment qu'elle était partie très longtemps, alors qu'elle s'était absentée moins de six mois, ne l'avait pas encore abandonnée. Le cinquième jour, elle s'étonna de ne pas avoir reçu la visite de l'abbé Morand. Amélie lui confia avec une certaine tristesse que M. l'abbé, d'abord très assidu à la Huchette, venant selon ses dires, vérifier si aucun problème grave ne se présentait pendant l'absence de Madame, avait fini par se faire rare. Aux dernières nouvelles, Mgr l'évêque l'avait nommé curé de Puisieux-l'Eglise, près d'Yvetot. Le visage de Berthe s'éclaira. L'abbé avait découvert en Noémie une protectrice efficace.

— Tu le regrettes ?

Amélie rougit.

— Il était beau, notre curé, dit-elle.

— Ma pauvre fille…

La maîtresse et la servante se regardaient ; et pendant un instant, il n'y eut plus que deux femmes qui se comprenaient, car elles avaient osé l'une et l'autre la même chose interdite.

— Vous êtes revenue, alors ? dit Amélie.

— Pour l'été, sans doute ; après, je ne sais pas.

Puis, comme si elle venait seulement de se décider :

— J'irai à Puisieux demain. Tu prépareras mes bagages.

— Vous ramènerez monsieur Alexandre ?

— Non, Amélie.

— Quel dommage ! Si je puis me permettre.

— Je ne suis pas une bonne mère, dit Berthe.

Amélie n'osa pas commenter l'affirmation de sa maîtresse.

L'après-midi, Berthe se fit mener en tilbury au cimetière d'Yonville. C'était Girard, l'ancien valet de charrue de feu Rodolphe, qui conduisait.

Berthe entra seule dans l'enceinte. Elle entendit des coups de pioche et des ahanements : on creusait la terre. Elle se rendit sur la tombe d'Emma, où elle se recueillit quelques minutes. Quelle étrange prière avait-elle adressée à sa mère?

Elle négligea les tombes de son père et de Rodolphe, pour aller vers le mur opposé du cimetière.

Une pelle rejetant de la terre jaillissait d'un trou à intervalles réguliers. Un « han ! » vigoureux rythmait l'effort.

Berthe s'arrêta au bord du trou.

— Bonjour, Justin, dit-elle.

Le fossoyeur planta sa pelle dans la terre, et s'appuya des deux mains sur le manche. Il leva la tête ; les muscles de son cou se tendirent ; et il sourit de toutes ses dents abîmées. Il souleva sa casquette déformée par la sueur et la pluie.

— Madame Bovary !

Berthe tressaillit.

En s'aidant des deux mains, Justin s'extirpa de la fosse.

— Pardon, Mademoiselle.

— Je préfère que tu m'appelles ainsi.

— J'ai quelque chose à vous montrer, dit Justin, la mine réjouie.

Berthe suivit le fossoyeur jusqu'à la cabane en planches, où il rangeait ses outils.

— Tenez, dit-il.

Et il lui tendit la première page, maculée, du Fanal de Rouen.

— Lisez.

Pendant qu'elle parcourait l'article, elle entendait la voix restée juvénile du fossoyeur.

— Je l'ai reçue hier, quand j'ai acheté mon poisson. L'odeur y est encore. Moi qui ne lis jamais les journaux, j'ai failli la jeter. C'eût été dommage…

Le papier, non signé (on mentionnait seulement « correspondance parisienne »), retraçait la carrière du fondateur des « Favorites du Commerce », le sieur Lheureux, depuis qu'il avait quitté Yonville, « comptoir initial de sa prodigieuse expansion », jusqu'à sa mort, dont la cause, scandaleuse pour les bourgeois, était passée sous silence.

Berthe rendit la feuille au fossoyeur.

— C'est moi qui l'ai tué, dit-elle.

Justin ne fut pas surpris. En tout cas, il ne mettait pas en doute la parole de Berthe.

— Comment avez-vous réussi ? questionna-t-il.

Elle le lui expliqua, sans rien omettre. Elle savait qu'elle pouvait compter sur son approbation, à tout le moins son indulgence.

Justin ouvrait de grands yeux, et vibrait de toute son âme aux péripéties du récit. Son visage passa de l'angoisse au triomphe. Il saisit la main de Berthe, puis la baisa avec une sorte de ferveur religieuse.

— Merci, Mademoiselle Bovary, vous nous avez vengés !

Et son exaltation retomba, il était redevenu le morne fossoyeur d'Yonville.

Berthe s'en fut, et Justin la raccompagna jusqu'à la porte du cimetière, comme un hôte qui vient de faire les honneurs de son domaine.

— Adieu, Justin.

Elle lui remit quelques napoléons dans le creux de sa main terreuse.

— Adieu, Mademoiselle Bovary. Tant qu'on sera ici, ne vous en faites pas pour sa tombe... On boira à votre santé, ajouta-t-il.

A Vaufrylard, le lendemain, elle retrouva un Jérôme plus inquiet qu'il ne voulait le dire. Berthe tardant à venir, il avait failli retourner à Paris pour la ramener.

Elle le cajola comme un enfant et se laissa occuper par les attentions de Noémie. Son fils, Alexandre, la regardait maintenant comme une étrangère. Elle ne chercha pas à reconquérir sa position auprès de lui. Cependant, l'enfant l'observait parfois à la dérobée, comme s'il se posait des questions. Par précaution, pour ne pas le troubler davantage, elle gardait ses distances. Si ce comportement convenait à merveille à Noémie de Vaufrylard et à son époux, en ce qu'il leur permettait de s'affirmer comme les vrais parents du petit garçon, il ne laissait pas de scandaliser Jérôme. Berthe lui apparaissait alors comme une excentrique, quelqu'un qui n'avait pas du tout le sens commun ; car lui l'aimait en toute bonne foi, en homme passionné mais normal. Ses études terminées, il espérait épouser Berthe, et avoir d'elle deux enfants, un garçon et une fille. C'était le rêve simple de ce fils unique, né orphelin, qui n'avait jamais approché sa mère, et dont les premières années avaient eu pour tuteurs des hommes mûrs ou des vieillards, jusqu'à ce que s'impose la lumineuse figure de Noémie. A Paris, il était simple d'aimer Berthe à la folie, quand on la voyait si jeune, si ardente. A Vaufrylard, dans la famille, comment oublier qu'elle était mère et qu'elle avait refusé ce rôle.

Ce mois de vacances aurait pu être délicieux, il fut pénible. Berthe sentait peser sur elle le reproche muet de Jérôme, et s'en irritait. Maintenant un immense orgueil l'habitait, qui ne la poussait pas aux concessions. Justicière ou criminelle, comme on voudra, elle n'entendait pas se plier sous une réprobation si liée aux conventions sociales. Du reste, elle avait quelque chose à dire à Jérôme, une révélation qui, elle le savait, ne le laisserait pas indifférent, dès qu'il en connaîtrait l'issue. Leurs étreintes étaient brèves, toujours clandestines, et toujours infectées de ce qu'ils n'osaient s'avouer l'un à l'autre. Jérôme aurait voulu parler à Noémie de son amour pour Berthe, mais il ignorait encore tout des intentions de sa maîtresse, qui lui en imposait par son expérience. Alors, aux yeux des autres, il s'efforçait de se comporter avec Berthe comme avec une amie de la famille, sans plus.

Vers la mi-septembre, la région souffrit de fortes chaleurs, anormales pour la saison, qui provoquèrent de violents orages dans le pays de Caux. L'un de ces après-midi si éprouvants pour les nerfs, Berthe et Jérôme étaient partis en promenade dans la campagne. Ils devaient s'avouer des faits de la dernière importance, mais impossible d'ouvrir la bouche ; ils s'obstinaient dans l'orgueil et la peur.

Le silence, à mesure que l'orage se préparait, devenait entre eux si pesant, qu'ils faillirent en venir aux mains. Ils se retrouvèrent l'un en face de l'autre, prêts à frapper.

Berthe dit alors, d'un ton détaché, qu'elle était enceinte. Cela désarma Jérôme ; sa première réaction fut la joie ; mais le ton qu'elle avait adopté pour le lui annoncer et la façon dont elle s'était déchargée d'Alexandre sur Noémie lui firent, après réflexion, craindre le pire. D'ailleurs, il y avait, à ce moment, quelque chose dans la physionomie de Berthe, qui le glaça.

Son premier mouvement contraint, Jérôme se taisait.

Le couple marchait sur un chemin bordé de saules. Des deux côtés, des prairies où paissaient des vaches. A l'horizon se dressait le clocher de Puisieux, et, à l'autre bout de la ligne, les tours de Vaufrylard.

Berthe s'appuya contre une barrière, et Jérôme s'immobilisa. Au-dessus d'eux, le ciel grondait par instants. Une grande nébulosité noire se formait à l'est, réduisant peu à peu le ciel bleu ; bientôt, elle rognerait le bord du soleil, et on pouvait s'attendre à un déluge entrecoupé d'éclairs. A première vue, pas la plus petite cabane où s'abriter. Mais Berthe était indifférente à la façon dont les éléments se combinaient. Elle avait quelque chose à dire.

— Je ne peux pas le garder, dit-elle. C'est impossible.

Jérôme avait eu beau s'y attendre, le coup le désespérait.

— Pourquoi ? dit-il, d'une voix blanche.

— Voyons ! Nous ne sommes pas mariés. Sais-tu seulement si ta famille t'autoriserait à m'épouser, maintenant que tu dois terminer tes études…

— Tu t'abaisses à mes yeux en mentant de la sorte. Et tu me prouves que tu me méprises…

— Jérôme…

— Ecoute-moi…

Il donnait l'impression d'être recru de fatigue. Sa parole était lente :

— Si tu le désirais, tu m'épouserais en dépit de tous les obstacles. Je te connais, ce ne sont pas les difficultés qui t'effraient. Je crois que tu ne veux plus d'enfant, ni de moi ni de personne, et que tu refuses le mariage…

— C'est vrai ! intervint-elle avec vivacité. Dieu que tu m'enlèves un grand poids ! J'ai dix-huit ans, mais c'est comme si j'en avais trente. Même si je le souhaitais de toutes mes forces, il ne serait pas en mon pouvoir de redevenir une jeune fille.

Elle agitait son éventail, dans l'espoir de rafraîchir son visage en feu.

— Je m'installerai sans doute à Rouen, mais, pas tout de suite, dit Jérôme, car dans un premier temps, je serai le médecin de Puisieux-l'Eglise. Je soignerai gratuitement les ouvriers de la filature, manière de me former le jugement. Il y a dans les usines de belles pathologies…

— Tout pour me plaire, dit Berthe. Si je devenais madame de Villiers, je vivrais bientôt comme ma mère a vécu, avec, je suppose, un état de fortune plus élevé. Rouen! les bals de la préfecture, ce qui aurait sans doute comblé ma pauvre mère. Mais à moi, vois-tu, il faut autre chose…

— Quoi donc ?

— Une vie indépendante, où personne ne prendra de décision à ma place.

— Tu n'es qu'une femme, dit mécaniquement Jérôme, voulant marquer par là la dérision de son utopie.

Et il ajouta, philosophe :

— Même les hommes n'ont pas le pouvoir que tu désires t'attribuer. Dans cette chienne de société, nous obéissons tous à quelque chose ou à quelqu'un.

Sans le savoir, il venait de se porter un rude coup à lui-même. Berthe ne concevait pas la soumission.

— Tu me mets au défi de réussir ! Un jour, tu connaîtras ma vie; elle sera mon œuvre. Sinon, je disparaîtrai à jamais.

— Moi, j'épouserai une jeune fille naïve et franche, qui acceptera, que dis-je ! qui me louera de lui faire autant d'enfants que je voudrai ! répliqua-t-il, rageur.

Jérôme était révolté de la manière dont leur amour finissait. Sa raison lui criait que tout était rompu, mais ses sens avaient besoin de Berthe. Il allait lui jeter au visage les plus violents reproches, quand l'orage mit fin à la controverse.

Un jour d'encre noya soudain le paysage, tandis qu'un vent de tempête courbait l'herbe et les arbres. Un formidable coup de tonnerre ébranla les cieux. La pluie frappa le sol par saccades, si bien que l'on croyait entendre le piétinement d'une immense armée.

En un instant, les cheveux de Berthe collèrent à son visage, lui donnant une figure tragique de noyée, tandis que sa robe se plaquait sur son corps.

Et, dans le vacarme de la tempête, elle entendit Jérôme hurler :

— Commence maintenant à vivre indépendante !

Une trombe d'eau parut l'emporter au loin, mais il s'était mis à courir.

— Jérôme ! Je ne voulais pas te tromper ! Essaie de comprendre! implorait Berthe.

Il l'avait abandonnée.

Alors, elle avança sur le chemin spongieux, essayant tant bien que mal de s'orienter sur le clocher de Puisieux ; mais cet unique point de repère avait disparu. Tout semblait noyé sous l'eau.

Berthe ne savait plus depuis combien de temps elle marchait au hasard, ployée sous la pluie torrentielle, terrorisée par le tonnerre, quand, dans un éclair, elle vit surgir devant elle la découpe noire d'une voiture tirée par un cheval.

L'animal hennit et se dressa sur ses pattes de derrière. Berthe évita les sabots de justesse, tandis que la voiture faisait une embardée.

— Aidez-moi ! Au secours !

Elle criait à pleins poumons en marchant à reculons à hauteur de la voiture, qui enfin s'arrêta. Une main se tendit, secourable, et Berthe se laissa hisser à l'intérieur, près de l'homme en noir qui tenait les rênes.

C'était l'abbé Morand.

Un peu avant que la voiture n'arrive en vue des premières maisons du village, la pluie cessa. Le ciel se dégagea rapidement, et le soleil fit naître un arc-en-ciel au-dessus de la campagne fumante.

La capote de la voiture sécha vite, ainsi que le cheval ; ils étaient environnés de vapeur.

La voiture prit le chemin du château ; celui qui passe entre Puisieux-l'Eglise et Puisieux-le-Jeune, et qui évite la filature.

En arrivant devant la grille de Vaufrylard, Berthe desserra les dents :

— Votre cheval connaît bien la route du domaine, dit-elle.

— C'est qu'il appartenait à mon prédécesseur…

Ils se surprirent tous deux à rire en même temps.

Berthe posa sa main sur le genou de l'abbé.

— Merci, dit-elle, sans vous je me serais noyée dans quelque trou.

— Le hasard, dit l'abbé. Je revenais d'une extrême-onction.

Ils roulaient maintenant dans l'allée menant à l'entrée principale de la bâtisse.

— Amélie vous regrette, dit Berthe.

— J'aurais préféré que ce fût vous. Mais on m'a appris que la vie de Paris vous avait changée.

— Plus que vous ne croyez, en effet, dit Berthe.

— Vous étiez déjà une autre, quand vous êtes partie, dit Morand.

— Je vais m'en aller encore…

— Où ?

— Oh, sans doute vais-je effectuer un tour d'Europe, à la manière anglaise…

— Vous irez à Rome ?

— Certes.

— Quel dommage que je ne puisse vous accompagner !

— Vous y arriverez bien un jour…

— Par la voie hiérarchique, c'est bien long, et je serai vieux alors. On dit que les Romaines sont si belles, acheva-t-il, mélancolique.

La voiture crottée se rangeait devant le perron. Déjà un chasseur se présentait.

— Merci, Monsieur l'Abbé, dit Berthe, à voix haute, sans vous j'étais perdue…

— C'est tout naturel, Madame, dit Morand, d'un ton coulant d'ecclésiastique.

Berthe monta l'escalier et traversa le salon. Noémie l'accueillit :

— Mon Dieu, ma chère, comme vous êtes trempée ! Nous étions morts d'inquiétude. Jérôme, le pauvre enfant, vient juste d'arriver, ruisselant. Il se change et s'apprêtait à partir à votre recherche.

Berthe éternua.

— Je vous accompagne à votre chambre. Un feu y brûle déjà, dit la comtesse.

Le lendemain, les hôtes du château remarquèrent un changement : les relations de Berthe et de Jérôme se distinguaient désormais par leur froideur. Or, jusque là, sans que l'on ait pu soupçonner une liaison, on s'était douté qu'il y avait anguille sous roche, tant les jeunes gens paraissaient comploter quand ils étaient ensemble. Tout cela semblait fini : l'idylle, croyait-on, était morte avant d'être née.

Noémie tenta de faire parler Jérôme. Elle n'obtint que des monosyllabes ; et, à la suite de son insistance, une déclaration rageuse, selon laquelle Mme Berthe de la Huchette serait sous peu folle à enfermer. Noémie se le tint pour dit. Quant à Berthe, elle se fermait, dès que le nom de Jérôme était glissé dans la conversation. La comtesse se jugea amplement renseignée. Au fond, cet échec était préférable : Berthe était une veuve trop belle et trop expérimentée. Une pure jeune fille jamais sortie du cocon familial échoierait à Jérôme. Et Berthe, la comtesse l'imaginait jetant son dévolu sur un homme de trente ans, un Rodolphe rajeuni. Mais qui savait vraiment ce que désirait Berthe ?

Au bout de huit jours, elle retourna à Paris. Les mois passèrent. Elle n'entretint aucune correspondance avec Jérôme, redevenu un étudiant comme les autres, qui ne lui écrivit pas non plus.

En novembre, Berthe apprit de la Deslions une fâcheuse nouvelle. Soupçonnée d'avoir empoisonné le financier et commerçant Lheureux (elle avait commis l'imprudence de laisser sa carte au pharmacien à qui elle avait acheté l'arsenic), la d'Argency s'était pendue dans la cellule du commissariat de son arrondissement.

Berthe éprouva alors un irrésistible besoin de voyager, de courir l'Europe, comme elle en avait exprimé le projet à Morand.

Son notaire vendit la ferme des Bertaux. En possession de l'argent, dès le mois de mars , elle résilia son bail, rue Saint-Georges, et quitta aussitôt Paris pour Baden-Baden.

Pendant quelques années, elle s'offrit l'existence luxueuse dont sa mère avait rêvé dans son cul-de-sac normand. On l'aperçut souvent dans les villes d'eau du nord et du sud de l'Europe, où sa beauté commit des ravages. On se battit en duel pour ses regards, on se brûla la cervelle ; on perdit des fortunes sur les tapis verts. Des usines et des propriétés centenaires changèrent de mains pour satisfaire ses caprices ; on lui offrit des monceaux de bijoux pour une nuit.

Puis, plus personne n'entendit parler de cette beauté enviée par les plus célèbres cocottes du temps, et qui avait provoqué tant d'émois, de jalousies et de scandales dans les salons, les casinos, les lieux de villégiature cosmopolites du grand monde.

Son fils Alexandre, Jérôme, les Vaufrylard, ceux qui l'avaient connue, en Normandie et au cours de ses voyages, furent laissés dans l'ignorance. Le baron Bischeim, acquitté par la cour de Douai en avril 1861, vivait, depuis sa libération, en Italie. Il avait écrit à sa fille, pour lui signaler le passage de Berthe à Rome, en 1863. Ils s'étaient rencontrés dans une vente de charité, car le baron se consacrait maintenant aux bonnes œuvres.

On supposait aussi qu'elle était encore en vie, parce que la Huchette lui appartenait toujours en nom propre. Longtemps, il n'y eut pas d'autres indices.

Cependant, en 1864, Berthe était sûrement à Bruxelles, hôtel du Grand Miroir. Baudelaire, qui y séjournait depuis quelques mois, déjà malade, mais ne se doutant guère qu'il y demeurerait jusqu'au printemps 1866, lui dédiait deux poèmes de sa composition : l'un en vers, Les yeux de Berthe, l'autre en prose, La soupe et les nuages. Inutile de supposer qu'il s'agissait d'une autre Berthe, car les yeux de la fille de Mme Bovary avaient déjà subjugué le poète, lors de leur dernière rencontre, quai Voltaire, dans l'été 1860.

Du reste, depuis l'épisode de la pharmacie anglaise, rue de

la Paix, Berthe ne pouvait avoir oublié Baudelaire.

Les deux exilés se rencontrant dans la salle à manger de l'hôtel partagèrent leur solitude. Berthe avait-elle beaucoup changé ? Si l'on en croit Baudelaire, sa voix était « rauque et charmante », mais aussi « hystérique et comme enrouée par l'eau-de-vie », ce qui est très étrange. Buvait-elle ou était-ce une exagération du poète ? En tout cas, ne pouvant l'épouser ou devenir son amant, il avait espéré sérieusement l'adopter. Il se qualifiait alors de « grand fou qui cherchait une fille à adopter, et qui n'avait étudié ni le caractère de Berthe, ni la loi sur l'adoption ».

Ce projet, comme nombre de ceux caressés par Baudelaire, n'eut pas de suite. Et avec Berthe, il eût été voué à l'échec. Berthe avait tout fait pour être sans attache. Elle n'était la fille, la femme, l'amante de personne, et elle avait tranché les derniers liens entre elle et son fils.

Vers 1865, son notaire normand n'eut plus de rapports qu'avec un fondé de pouvoir américain, de Baltimore, M. Barney. C'est ce qu'il annonça, solennel, à Noémie de Vaufrylard. Dès lors qu'elle ne laissait plus aucune trace matérielle de son existence, elle appartenait à l'imaginaire de tous.

Les soirées au château, en l'absence d'Alexandre et de la jeune femme de Jérôme, la fille d'un médecin en vue de la capitale, on évoquait souvent son souvenir.

Jérôme et Noémie s'interrogeaient sur ces quelques années où ils l'avaient connue. Il y avait un mystère autour de Berthe. On s'employait, par diverses suppositions, à l'épaissir.

Le comte Henri de Vaufrylard mourut un jour de printemps, alors qu'il se rendait à Frohsdorf pour rencontrer Henri V, le prétendant. Son petit-fils Jérôme alla chercher le corps à Strasbourg, où le comte était décédé. On suppose que l'âme de ce défenseur passionné du Trône et de l'Autel rejoignit aussitôt le paradis des légitimistes.

En triant les papiers du mort, Jérôme découvrit une lettre qui lui était personnellement adressée. Il l'ouvrit en tremblant d'angoisse. Son vieux cauchemar était devenu réalité.

A son retour, Noémie et le comte Louis le trouvèrent changé. Quant à son épouse, elle s'inquiéta de sa pâleur, du pli d'amertume de sa bouche et de la fébrilité de ses mains.

Quoi qu'il en soit, Jérôme ne parla pas de la lettre. Son grand-père à peine inhumé dans le cimetière de Puisieux-l'Eglise, il entretint son oncle de ses nouveaux projets. Pour une raison d'ordre privé, il cessait d'exercer à Puisieux. Du reste, il n'avait plus rien à apprendre de la pathologie liée au monde de la filature. Le comte Louis lui trouverait un successeur, car l'œuvre bienfaisante devait être poursuivie. Le comte acquiesça, puisque telle était sa volonté.

A Noémie, Jérôme en dit plus. Il allait contracter un engagement d'un an dans la marine. Médecin à bord d'un transatlantique qui transportait à la fois passagers et marchandises, il se frotterait à d'autres milieux et compléterait ainsi sa formation médicale…

Noémie comprit.

Jérôme lui adressait son épouse. Qui d'autre que sa tante pouvait apporter à la pauvre enfant le réconfort dont elle aurait tant besoin ?

Au bout d'un an et dix jours, Jérôme débarqua au Havre. Entre temps, sa femme lui avait donné un fils né au château de Vaufrylard. Comme Jérôme avait définitivement posé sac à terre, quelque temps après, il s'installa à Paris avec sa famille.

Là-bas, sur la côte est des Etats-Unis d'Amérique, il n'avait pu découvrir où Berthe se cachait ; en tout cas, pas à Baltimore, où Barney, respectant la volonté de sa cliente, avait refusé de l'aider. Tout ce que Jérôme réussit à apprendre, c'était qu'elle vivait sans mari.

En 1866, une épidémie, mortelle, de choléra se répandit à Paris. Jérôme, qui exerçait à l'Hôtel-Dieu, en fut une des premières victimes.

Noémie hérita d'une chemise cartonnée qui contenait deux lettres cachetées : de Henri de Vaufrylard à Jérôme de Villiers ; de Jérôme de Villiers à Noémie de Vaufrylard.

Avant d'oser en prendre connaissance, Noémie attendit d'être rentrée à Puisieux-l'Eglise avec la veuve et l'enfant.

D'abord, elle se crut foudroyée, ses yeux se brouillèrent, elle pleura ; recouvrant son calme, elle relut les lettres.

Le père naturel de Jérôme était un médecin de campagne, celui-là même que les parents de Caroline avaient appelé au chevet de leur fille, l'officier de santé Charles Bovary. Marié depuis peu à une veuve sans beauté, le misérable avait profité de l'occasion. C'était sa seule excuse, du moins celle que lui accordait Jérôme sur la foi des renseignements fournis par son grand-père.

A son retour d'Amérique, le jeune médecin, désormais meurtri, avait renoncé à instruire Berthe de leur étroite consanguinité. Mais il est vrai qu'il avait traversé l'Atlantique pour la lui révéler, d'autant plus, Noémie l'ignorait, qu'ils avaient été amants et sur le point de se marier. La si singulière Berthe avait contraint Jérôme à renoncer à ce projet. Enfin, à l'issue d'un long débat intérieur, Jérôme maintenait son refus : révéler à Berthe qu'ils provenaient du même père, parce que ce dernier avait commis une ignominie, détruirait la pitié et l'affection que la jeune femme nourrissait peut-être encore envers feu Charles Bovary.

Abasourdie, hébétée par ces nouvelles, Noémie tournait en rond dans son château. Elle voulut écrire, mais à peine avait-elle tracé quelques lignes, qu'elle cassait sa plume et déchirait le papier. Elle crut trouver un réconfort auprès de Morand à qui elle confia ses tourments et leurs causes. L'abbé lui conseilla d'oublier un si fâcheux épisode. Le coupable, le père de Berthe et de l'infortuné Jérôme, connaissait sans doute un châtiment éternel. Noémie ne lui dissimula pas son mépris. Voilà que Morand s'était tellement coulé dans son rôle que son intelligence sombrait.

Noémie ne parvenait plus à cacher son désarroi. Le comte Louis la crut malade. Sur ses conseils, elle partit faire une cure thermale à Lamalou-les-bains, dans les Cévennes.

Quand elle revint, elle hésita encore pendant des semaines ; puis, un jour, elle fit partager à son mari cet épouvantable secret de famille.

Le comte se refusa à y croire. Mais la lecture des lettres laissées par Jérôme emporta sa résistance. Seulement, il insista auprès de Noémie pour qu'elle les détruisît, et, secondement, eu égard à Alexandre, à la veuve et à l'enfant de Jérôme, qu'elle lui jurât de tenir Berthe dans l'ignorance du crime de son père.

Le comte Louis avait l'hypocrisie naturelle. Tout ce qui tendait à l'excès ressortissait, pour lui, de la monstruosité. Envers et contre tout, il restait un adepte du juste-milieu. Il ne mettait rien au-dessus des apparences.

Pour la première fois de sa vie, Noémie s'en remit entièrement, sans les discuter, aux raisons de son mari.

Cependant, avec son accord, elle envoya à Berthe, aux bons soins de M. Barney, de Baltimore, un faire-part du décès de Jérôme. Elle ne reçut jamais de condoléances.

Un si souverain mépris des usages témoignait, pour le moins, d'une totale indifférence au passé et à la mort d'un être jadis aimé.

Les maîtres de Vaufrylard en furent bouleversés. Dans leur château, alors qu'ils commençaient à vieillir, ils croyaient entendre, le soir, quand le vent soufflait dans la cheminée du salon, le rire énigmatique de la fille de Mme Bovary.

Berthe entrait pour de bon dans la légende, cette apothéose de la vie rêvée.

Maxime Benoît-Jeannin

Table des matières

Achevé d'imprimer en janvier 1991
sur les presses de l'imprimerie Duculot à Gembloux,
Réalisation EDP sc à Bruxelles.